羊城学术文库·岭南研究专题

北美华侨华人专业人士发展

A Study on the Development of North American Chinese Professionals

袁 源 著

社会科学文献出版社
SOCIAL SCIENCES ACADEMIC PRESS (CHINA)

羊城学术文库

总　序

学术文化作为文化的一个门类，是其他文化的核心、灵魂和根基。纵观国际上的知名城市，大多离不开发达的学术文化的支撑——高等院校众多、科研机构林立、学术成果丰厚、学术人才济济，有的还产生了特有的学术派别，对所在城市乃至世界的发展都产生了重要的影响。学术文化的主要价值在于其社会价值、人文价值和精神价值，学术文化对于推动社会进步、提高人的素质、提升社会文明水平具有重要的意义和影响。但是，学术文化难以产生直接的经济效益，因此，发展学术文化主要靠政府的资助和社会的支持。

广州作为岭南文化的中心地，因其得天独厚的地理环境和人文环境，其文化博采众家之长，汲中原之精粹，纳四海之新风，内涵丰富，特色鲜明，独树一帜，在中华文化之林中占有重要的地位。改革开放以来，广州成为我国改革开放的试验区和前沿地，岭南文化也以一种崭新的姿态出现在世人面前，新思想、新观念、新理论层出不穷。我国改革开放的许多理论和经验就出自岭南，特别是广州。

在广州建设国家中心城市、培育世界文化名城的新的历史进程中，在“文化论输赢”的城市未来发展竞争中，需要学术文化发挥应有的重要作用。为推动广州的文化特别是学术文化的繁荣发展，广州市社会科学界联合会组织出版了“羊城学术文库”。

“羊城学术文库”是资助广州地区社会科学工作者的理论性学术著作出版的一个系列出版项目，每年都将通过作者申报和专家评审程序出版若干部优秀学术著作。“羊城学术文库”的著作涵盖整个人文社会科学，将按内容分为经济与管理类，文史哲类，政治、法律、社会、教育及其他等三个系列，要求进入文库的学术著作具有较高的学术品位，以期通过我们持之以恒的组织出版，将“羊城学术文库”打造成既在学界有一定影响力的学术品牌，推动广州地区学术文化的繁荣发展，也能为广州增强文化软实力、培育世界文化名城发挥社会科学界的积极作用。

广州市社会科学界联合会

2016 年 6 月 13 日

中文摘要

从华人移民北美的轨迹来看，尽管经历了黑暗的不平等岁月，但这个族群以特有的勤劳与智慧、尚文重教的优良传统为华人子弟开辟了走向专业人士行列的道路。20世纪六七十年代以后，来自大陆、港澳台及东南亚等地的新移民更是迅速提升了美国与加拿大华人之中专业人士的比例，由此对华人社会产生了深远的影响。与此同时，嬗变中的华侨华人专业人士群体也开始了或直接或间接的富有影响力的跨境流动。作为华侨华人大群体中发展较为突出的子群体，这一群体流动的目的在于发展而远非生存，他们拥有较强的自我意识、发展意识与参与意识，具备较广的国际视野与较强的技术技能，追求实现更高的自我价值，因而改变定居地的行动也就愈加频繁，呈现鲜明的时代特色。

在进行理论回顾与历史梳理之后，首先选择“海鸥”人士、高技术移民及相关精英社团、一般技术移民和1.5代新移民这四种当前华侨华人专业人士群体中衍生出的流动性强的新类型进行探索，这是为了更好地了解这类国际人才发展与流动的最新动向。其次，指出华侨华人专业人士群体活动的新趋势是跨境行为，并对其跨境行为的载体、形式、特点及主导跨境行为的成因进行探讨。再次，以广州地区华人回流的概况与“海归归海”为例，对该地区华侨华人回流、环流的基本态势及出现的问题进行分析，认为在一定程度上能够代表北美华侨华人专业人士在中国大陆回流及环流的情况。最后，提出应充分认识到华侨华人专业人士对我国人才国际发展战略的意义，同时汲取发达国家招贤纳士的经验，在顶层设计上进行人才引进方面的制度创新与柔性管理。具体到广州的实际情况，可结合华侨华人专业人士所办企业的特点进行培育，并合理利用华商网络“走出去”，探寻创富与创新之路。

关键词：北美；华侨华人专业人士；移民；跨境

Abstract

From the steps of Chinese immigrants in North America, this ethnic group paved way for its children to professionals by unique diligence, wisdom, and excellent tradition of elite education, despite the darkness of the unequal time. After the 1960s and 1970s, the new immigrants from the Mainland, Hong Kong, Macao, Taiwan, Southeast Asia and other areas increase drapidly in professionals' proportion American and Canadian Chinese, which has produced profound influence on overseas Chinese society. At the same time, during this evolution, overseas Chinese professionals groups have begun cross – border flows, directly or indirectly. As a more prominent sub – group of the large group of overseas Chinese, the purpose of this group's flow is to develop rather than to live. This group of people who have strongself – consciousness, development consciousness and participation consciousness, with wider international perspectives and higher technical skills, are working for greater self – worth. Therefore, they change their residences more frequently, showing distinctive characteristic features of those times.

After the theoretical review and historical study, this paper selects "Seagulls", high – skilled migrants and related elite communities, the general skilled migration and the 1. 5 generation of new immigrants of the four current overseas Chinese professionals to explore, in order to understand more clearly this kind of international talent development in the latest trend. Then, it points out that a new trend of overseas Chinese professionals' group activities is cross – border behavior, and explores the carriers, forms, characters and the causes of cross – border behavior for the overseas Chinese professionals. In addition, taking the return and "returnees go to return again" of Guangzhou's Overseas Chinese as examples, it analyzes the basic situation of Guangzhou Overseas Chinese

Professionals' Return and circulation, which can represent overseas Chinese American professionals in the circulation and return to Chinese situation in Chinese mainland. Finally, we put forward it should been fully aware of the significance of overseas Chinese professionals on the development strategy of China international talent, and learn from the experience of developed countries of attracting talent. From the country'stop design, we should introduce people with system – creation and flexible management. As to Guangzhou's actual situation specifically, it should be combined with the cultivation of overseas Chinese professionals' enterprises, and the rational use of Chinese business network to "going out", to explore the road to wealth and innovation.

Keywords: North America; Overseas Chinese Professionals; Migrants; Cross Border

目 录

CONTENTS

绪　论

第一节　研究缘起

中国自拥有海外移民以来，这些移民以不同的方式与祖（籍）国以及世界其他地区的人员产生跨国联系，进行跨国活动。自20世纪70年代末开始，留学生的大规模派出、个人因私出国的大规模涌现，使得华人新移民的活动逐渐引起各界高度的关注。在这个国际教育交流与人才交流的大趋势下，出现了一批高学历、高技能的华侨华人专业人士①。华侨华人专业人士作为一类精英群体，除拥有较高的职业素质外，还拥有一般意义上的职场人士所不具备的国际素养和跨文化沟通能力。具体是指海外华侨华人中具备专业化知识及技能的人才，既包括海外出生的华人，也包括移居他国后获得他国永久居留权或国籍的华侨华人移民，这个概念不同于技术移民，也不同于海外留学人员。需要指出的是，由于近30年来华人新移民数量的快速增长，尤其是技术移民、海外留学人员及部分投资移民中的高层次人才在以北美、欧洲为代表的地区做出了令人瞩目的贡献，他们极大地扩充了海外华侨华人专业人士队伍，也在该群体中产生了很大的影响力。他们共同的特点是具有较高层次的知识结构和技能水平，经济实力较强，具有较为深厚的文化底蕴，多分布在高新技术、金融等蓬勃发展的行业领域。而且，这类人群在海外华人之中的人数规模正不断扩大，并且无论是在居住国还是祖籍国都拥有越来越举足轻重的社会地位与综合影响力，他们是华人中精英群体的重要组成部分。

华侨华人专业人士目前主要集中于发达国家与地区，聚居于就

① 具体行文中，出现了华侨、华人、华侨华人等概念。如无特殊说明，均指华侨华人专业人士，不作明确区分。

业、教育条件较为优良和商业较为活跃的区域。根据“中国与全球化智库”的调查与估算，此类人群在海外分布比例最高的国家依次为美国（33%）、澳大利亚（15%）、加拿大（10%）、英国（9%）、新加坡（9%）、日本（5%），而美国和加拿大共有266万华侨华人专业人士生活，占全球华侨华人专业人士群体的43%（见图0-1）。[①]

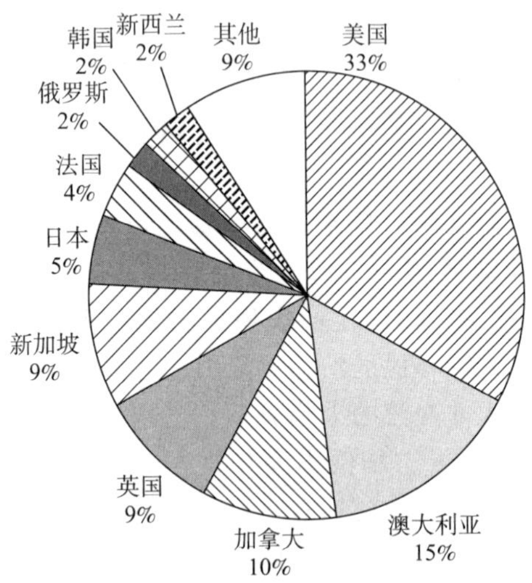

图0-1 海外华侨华人专业人士分布

资料来源：王辉耀、苗绿：《海外华侨华人专业人士报告（2014）》，社会科学文献出版社，2014，第18页。

由此可见，北美地区的美国和加拿大不但是中国留学生与技术移民、投资移民的主要流向地，同时也是华侨华人专业人士在世界分布的主要区域。华侨华人专业人士尤其是新移民中的高层次人才的异军突起不仅仅改变了华人社会的知识结构，也对华人社会的职业结构、地理分布、居住方式等产生了巨大影响。根据美国移民政策研究院2012年的报告，近40%的中国移民在美国从事科学、工程、信息技术、管理、商业、金融等领域的工作，[②] 加拿大的情况与之类似，因此北美华侨华人专业人士更集中于知识和科技密集型

① 王辉耀、苗绿：《海外华侨华人专业人士报告（2014）》，社会科学文献出版社，2014，第11～17页。

② Chinese Immigrants in the United States，美国移民政策研究院网站，http://migrationinformation.org/USFocus/display.cfm?ID=867，2012年1月7日。

的行业与地区。之所以以北美地区的华侨华人专业人士作为研究对象，是因为数据较为丰富，案例较为典型，可供挖掘的空间较大。可以说，北美地区华侨华人专业人士的活动现状在一定程度上代表了全球华侨华人专业人士活动的基本规律，尤其是这类人群跨国跨境活动的趋势。

需要指出的是，从来源地看，北美华侨华人群体的来源主要包含从中国大陆、港澳台以及东南亚地区移居美国、加拿大的华人，其中专业人士的来源也概莫能外。同时，从类型上说，专业人士并不仅仅局限于高学历、高收入、有相应社会地位的精英阶层，其既包含受过普通高等教育的一般专业技术人员，也包含未接受本科及以上层级高等教育，但是有一技之长的技术技能型人才。但是总体来说，来自中国大陆的高层次专业人士确实在近 30 年内对北美华侨华人专业人士群体的壮大产生了不可小觑的作用，因此本书主要以这个群体为考察对象，兼顾其他来源地和类型的华侨华人专业人士的发展特点。同时，由于现有资料的有限性，归国留学人员、（高）技术移民、专业技术华人群体、海归、“海鸥”等概念虽与华侨华人专业人士有所不同，但都有相当比例的交集，因此在书中都用以充实对于专业人士的相关论述。

20 世纪 90 年代初，中国经济尚未腾飞，相当比例的海外华人尤其是留学生与专业人士对国内形势表示忧虑，不考虑回国发展。1989 年对留美学生的一项调查表明，当时有 42.2% 的人对中国未来改革的走向感到悲观，61.3% 的人对自己回到中国的职业前景持不乐观态度，而 71.3% 的人认为他们如回到中国，会感到难以适应。[①] 可见，“移民赤字”与“脑力流失”的现象凸显在最近 30 余年的中国海外移民史之中。时至今日，中国已完全进入国际人才流动与竞争的洪流中，越来越多高学历、高技能的华侨华人专业人士开始以各种灵活的方式与祖（籍）国之间进行交流合作，甚至举家回迁。“脑力流失”的情形不再明显，21 世纪以来这一情况逐渐为人才的回流与环流所缓解，然而“移民赤字”却在今后一段时间内还会长期存在，“海归归海”的现象也将频频出现。因此在本研究

① Parris Chang, Zhiduan Deng, “The Chinese Brain Drain and Policy Options,” *Studies in Comparative International Development*, Spring 1992, Vol. 27, No. 1, pp. 44 - 60.

中，探究当今北美华侨华人专业人士的发展现状，“流动”是一个重要的切入点。专业人士的跨境流动意愿、流动轨迹与流动趋向，代表着国与国之间实力的对比，也意味着国与国之间在科技文化等领域的格差。但与此同时，这些差距又并不是一成不变的静止状态。随着全球化的发展，人才享有更灵活地在国家间流动的便利；同时随着中国进一步打开国门，张开怀抱拥抱海外专业人才，他们的跨境流动将不再是单向的，并且速度、频次会持续增加。因此，对北美华侨华人专业人士的发展脉络进行剖析，尤其是结合其跨境的回流与环流行为进一步挖掘，并将这些现象置于移民研究的大框架内进行研究的意义在于以下三点。

首先，有助于我们更清晰地了解北美华侨华人专业人士发展至今为何会成为一个知识与专业化水平较高、规模增长迅速、所属组织和团体脱颖而出，同时主导了当今海外华人回流与环流态势的人才群体。

其次，有助于我们通过对北美华侨华人专业人士衍生出的新类型以及跨境活动形式与特点的归纳，进而对华侨华人专业人士群体以及高层次精英人才的流动规律有更好的把握，并对于其今后的流动趋势做出更长远的预测。

最后，有助于我们在对北美华侨华人专业人士的流动趋势做出研判的同时，考虑其与技术移民以及留学生等知识群体与精英群体的交集，动态地去理解人才流动的现象与本质，从宏观、中观与微观层面对海外人才引进政策提出更加合理的意见与建议。

第二节　国内外研究综述

对于华侨华人专业人士的研究可以从很多理论切入，其中近年来一个非常重要的切入点是国际移民相关理论。学者程希认为，中国海外移民是世界移民潮的组成部分，这是开展华侨华人研究必须把握的一个基本方面。中国国内所谓“华侨华人研究”的通行说法，其实也是国际学术界“移民学研究”的组成部分。[①] 所谓国际

① 程希：《华侨华人：作为研究对象的“特殊性”与“学科建设”中的定位问题》，载李安山等《中国华侨华人学——学科定位与研究展望》，北京大学出版社，2006，第64页。

移民，是指离开本人国籍国，或者此前常住国，跨越国家边界，迁徙到另一国家的人。根据联合国 2013 年的数据，世界移民人口数量已达 2.32 亿，占世界人口总数的 4.2%。[①] 以往曾作为主流的国际移民理论如新古典主义经济理论、新经济学移民理论、世界体系论、劳动力市场分割论渐已式微，[②] 而后的移民网络说、新制度主义、文明冲突论与跨国主义等理论[③]也不足以独立解释不断发展变化的国际移民问题。诚如波特斯（Alejandro Portes）所说，千万不要指望有一种宏大的理论能够解释移民的每一个问题、每一个层面，号称面面俱到的理论只能是空谈，没有哪一种理论可以独立提供解读国际移民的捷径。他认为，应当提倡“中程理论”，通过具体的实证研究，阐释一个个特殊问题。[④]

因而，从国际移民理论的大框架出发，根据本书的选题范围及内容，本书将以往学界对于和北美华侨华人专业人士研究领域密切相关的移民理论及华侨华人研究成果划分为以下几个部分。

一　有关华人新移民的研究

目前来讲，对于“新华侨华人”还是“华人新移民”两个提法在研究界究竟哪个更为合适尚有一定争议，而大多数研究者是将两者混用的。此外，有些学者还提出了“中国国际移民”的说法，

① 王辉耀、刘国福：《中国国际移民报告（2014）》，社会科学文献出版社，2014，第 2～4 页。

② 华金·阿朗戈：《移民研究的评析》，黄为葳译，《国际社会科学杂志（中文版）》2001 年第 3 期，第 35～36 页。李芳田：《国际移民及其政策研究》，南开大学博士学位论文，2009。傅义强：《当代西方国际移民理论述略》，《世界民族》2007 年第 3 期，第 45～55 页。O. Stark.，*The Migration of Labour*，Oxford：Blackwell，1991.

③ 李芳田：《国际移民及其政策研究》，南开大学博士学位论文，2009。周聿峨、阮征宇：《当代国际移民理论研究的现状与趋势》，《暨南学报》（哲学社会科学版）2003 年第 2 期，第 1～8 页。塞缪尔·亨廷顿：《文明的冲突与世界秩序的重建》，周琪译，新华出版社，2010，第 218～220 页。让·巴蒂斯特·梅耶、大卫·卡普兰、豪赫·夏鲁姆：《技术移民与知识的新地缘政治学》，《国际社会科学杂志（中文版）》2002 年第 2 期，第 133～144 页。

④ Portes，Alejandro，“Conclusion：Theoretical Convergences and Empirical Evidence in the Study of Immigrant Transnationalism，” *International Migration Review*，2003，Vol. 37. p. 3.

例如王辉耀认为，“中国国际移民”指离开中国大陆迁徙到其他国家或地区的中国人。[①] 事实上，三者都有着大量的交集，因而下文也将三者一并纳入统一的研究范围中。

自20世纪90年代开始，华人新移民数量的快速增长及其影响力日益显现，开始受到社会的关注。在研究的初始阶段，学者的研究多集中在新移民概况介绍与新老移民的比较上，如程希的《中国大陆新老华人浅析》、黄英湖的《战后华人新移民问题初探》等，大多采用历史描述性研究方法。2000年前后，新移民在海外已有20年左右的历史，北美、欧洲、大洋洲等地的数据日渐丰富，一些对于新移民20年间发展变化成因有更深入分析的研究出炉，如庄国土对于20年间移民的数量、分布、移民方式以及特点做出了梳理；赵红英则对改革开放20年形成的移民潮背景、内涵等做出了界定。21世纪以来，新移民研究在理论高度、研究广度与研究深度方面都有不同程度的拓展。很多国内的学者也认同王赓武的思路，认为应将思路打开，重新考察新移民希望移居的国家及来源地，关注移民家庭团聚、女性移民及宗教问题，并应以一种新的思路重新认识同化问题。[②] 李其荣在多本专著及论文中对新华侨华人及新移民的概念有所界定，在《华人新移民研究评析》一文中更是对华人新移民的宏观研究、微观研究、比较研究做出了总结。曾少聪、曹善玉的研究不仅更新了新移民分布的数据，还对于新移民内部以及新老移民之间的关系进行了探讨。总体来说，早期的研究，尤其是中国大陆较多研究者的成果之中宏观论述多于微观论述，定性分析多于定量分析，有关移民政策做侨乡研究的成果日渐丰硕，但是田野调查的深入程度仍不够。

随着对外交流的频繁以及海外研究者（尤其是华裔研究者作为真正的实践者与亲历者）增多，有关新移民的地域、国别研究层出不穷。如加拿大卡尔加里大学华人教授郭世宝著有代表作《加拿大的华人新移民》《温哥华的华人新移民：何去何从?》《关于移民向下层社会流动的调查：卡尔加里和埃德蒙顿华人新移民经济社会融

---

① 王辉耀、刘国福：《中国国际移民报告（2014）》，社会科学文献出版社，2014，第2页。

② 王赓武：《新移民：何以新？为何新?》，程希译，《华侨华人历史研究》2001年第4期，第1~8页。

合比较研究》等，并提出了新移民求职遭遇的“三重玻璃门效应”：第一重是“玻璃院门”，即在取得专业资格后仍难以被雇佣；第二重是“玻璃房门”，即难以取得较高薪酬的工作；第三重则是“玻璃天花板”，即难以上升到管理层。[①] 匈牙利学者帕尔·尼日（Pal Nyiri）不仅对匈牙利和欧洲的华人有深入的研究，还对华人新移民（尤其是中国大陆新移民）理论的演变、海外媒体对于华人新移民的报道及华人新移民身份的构建有独到的看法。[②] 加拿大不列颠哥伦比亚大学的新加坡华人 Sin Yih Teo 则考察了温哥华的华裔新移民，分析其在异国他乡语言、就业、婚姻等方面面临的种种问题，提出这类人群到底是真正的定居者还是“坐移民监”的囚徒的问题。[③] 姬虹的《美国新移民研究（1965 年至今）》一书则借鉴社会学、历史学、人口学等理论，运用理论研究和个案分析的方法，对华裔新移民和拉美裔、非洲裔移民进行比较研究，对 1965 年以来的美国新移民状况和影响做出考察和分析。此外，研究者们在新移民与祖籍国的关系、新移民的适应性问题、新移民社团、新移民子女教育问题、欧洲与北美新移民比较等很多方面均有丰硕的成果。总体来讲，海外研究者或是有长时间海外生活经验的研究者，不但具有较深厚的专业学科背景与方法上的训练，最重要的是掌握了第一手丰富的资料。

新移民中相当一部分人士也属于华侨华人专业人士，二者并无从属关系而是有大面积交集。虽然这一群体中实际包含海外出生的老侨子女，但是近半个世纪尤其是近 30 年来，中国新移民中的高知识、高学历、高技能的人才占据相当高的比重，而华侨华人专业人士也不仅仅是技术移民，还包括大量的经济类移民类型，如投资移民、自雇移民等，他们共同构成了华侨华人专业人士的重要组成部分。对于华侨华人专业人士（人才）目前的研究成果数量有限，

---

① 万晓宏：《郭世宝博士与加拿大华人新移民研究述评》，《华侨华人历史研究》2012 年第 3 期，第 65～69 页。

② Pal Nyiri, "Expatriating is patriotic? The discourse on 'new migrants' in the People's Republic of China and identity construction among recent migrants from the PRC," Yeoh, Brenda, Willis, Katie, *State/ Nation/ Transnation, Perspectives on Transnationalism in the Asia - Pacifc*, London: Routledge, 2004, pp. 120 - 143.

③ Sin Yih Teo, "Vancouver's Newest Chinese Diaspora: Settlers or 'Immigrant Prisoners?'," *Geo Journal*, Vol. 68, 2007, pp. 211 - 222.

21 世纪初，有王晓莺的《海外华人专业人才回流态势》与《海外华侨华人专业人才现状分析》、吴洪芹的《华侨华人专业人士在华创业状况的分析与思考》等文章，但由于时效问题，无法反映当前该群体发展的最新状况。近年来，廖小健的《金融危机对美国华侨华人专业人士的影响》以及周龙的《新时期华侨华人专业人士回流现象探析》在一定程度上对 21 世纪第二个 10 年内华侨华人专业人士群体的新动向进行了探究。而“中国与全球化智库”在 2014 年出版的《海外华侨华人专业人士报告（2014）》则推出了一系列较新的调研数据，较为系统翔实地对目前海外华侨华人专业人士的整体发展现状、特点与趋势进行了分析，并对如何充分发挥这类人才的作用建言献策。总体来看，对于华侨华人专业人士做专门研究的成果并不多，许多相关内容仅仅称得上是从属于新移民研究中的一个部分，大多数研究成果的形式是期刊论文，篇幅较短，尚未形成系统，亟待深入挖掘。

二　有关移民跨国流动的研究

如上所述，有关移民跨国流动的研究是近年来国际移民研究领域的热点，尤其是 20 世纪 90 年代以来对于跨国主义理论的引入拓展了理论的实践向度。与此同时，华侨华人研究界也对该理论给予了极大的关注，由于下文在多处涉及“跨国”“跨境”的概念与社会场域，在此有必要将跨国主义与移民研究的有关内容结合，从而进一步进行分析。

（一）跨国主义与相关衍生理论

自 20 世纪 90 年代起，跨国主义理论（transnational theory）开始作为一种重要的理论范式出现在国际移民问题研究中。20 世纪 90 年代初期，美国学者尼娜·戈里珂·席勒（Nina Glick Schiller）等人比较系统地提出了跨国主义理论。就跨国主义而言，它用以表达移民跨越国界的相互联系的社会经历。跨国实践、跨国社会场景和跨国社会空间是分析移民跨国主义的核心概念。作为一种后现代主义的话语，跨国主义是移民建立跨界的社会场景的过程。[①] 其基

① 潮龙起：《跨国华人研究的理论和实践：对海外跨国主义华人研究的评述》，《史学理论研究》2009 年第 1 期，第 95 ~ 106 页。

本要素就是“跨国移民在母国和定居国间维系多种多样的参与”。①

1. 跨国主义与社会网络

传统的移民理论中，移民群体是带有悲情色彩的“离散者”(diaspora)，带有去国离乡的无奈和寄人篱下的流浪者意味。但是当今对这种移居者群体的解读之所以趋向中性，不再与移入国和移出国之间有严重的隔阂，原因是任何移居到移民接受国并拥有一定规模和数量的族裔群体都与移出国有着千丝万缕的联系，这其中，社会网络有着巨大的维系作用。社会网络是由于相同的价值观、态度、抱负，而把一个人同其亲戚、邻居和朋友等个体与小群体社会性地联系起来的方式。在跨国主义作用下的移民社会里，社会网络衍生成为移民网络，在全球化时代又衍生为跨国网络。吴前进认为，移民问题的跨国主义理论特别强调社会网络和社会资本对于移民个人和群体的意义：一方面，它可以安顿初到异地的移民，起到了提供安全保障和心理依靠的作用；另一方面，它为全球化时代的移民个人、群体和祖籍国之间的关系提供了本土性内容的空间表达形式。②

2. 跨国主义与三角模式

三角理论模式理论被广泛应用于各学科，De Voretz 等人则将其对于跨国移民的流动进行解读。在三角模型中，输出国、中转国和其他国构成了该三角框架的三个基本点。该框架解释了移民通过不断地流动将人力资源从输出国转移到中转国，继而再转移到其他国家或者回流到输出国的过程。③ 在这个模式中，中转国并非最终的目的地，但是移民通过在中转国接收的物质资助、语言及就业培训等获得了进入其他移民国家生活的各类资本，可以进行继续停留或回流或转向第三国的选择。比如说，在北美国家，甚至世界所有发达国家中，美国很可能是大多数移民的终点站，而加拿大可能是终点站也可能是中转站。相比较而言，以加拿大为代表的

① Linda Basch, Nina Glick Schiller & Christina Blanc, Nations Unbound: Transnational Projects, Postcolonial, 1994.

② 吴前进：《当代移民的本土性与全球化——跨国主义视角的分析》，《现代国际关系》2004 年第 8 期，第 18～24 页。

③ 丁月牙：《全球化时代移民回流研究理论模式评述》，《河北大学学报》(哲学社会科学版) 2012 年第 1 期，第 139～142 页。

福利国家能够为新移民提供更多的补助性福利，而美国则有更多工作机会与挑战。

3. 跨国主义与跨国华人

“跨国华人”的概念由刘宏在其著作《战后新加坡华人社会的嬗变：本土情怀，区域网络，全球视野》中提出，即“那些在跨国活动的进程中，将其移居地同（自己的或父辈的）出生地联系起来，并维系起多重关系的移民群体。他们的社会场景是以跨越地理、文化和政治的界限为特征的。作为跨国移民，他们讲两种或更多的语言，在两个或更多的国家拥有直系亲属、社会网络和事业，持续的与经常性的跨界交往成为他们谋生的重要手段”。[①] 王爱华（Aihwa Ong）在其所著的《弹性公民》一书中也将跨国主义引入了对身份灵活的跨国华人移民的研究中，提出这类人群的“弹性公民权”。英国学者彭轲（Frank N. Pieke）等人从空间流动的过程分析欧洲福建人的跨国特征，指出个人的生命历程并不是按照从一个地方居民到移民再到定居者这样清晰的阶段进行的，跨国的、迁移的和地方化的实践互为条件，并非相互独立的过程。[②] 此外，潮龙起归纳了跨国华人形成的物质条件与活动场域等，周聿峨等对跨国华人的群体构成、活动内容、回国创业的定位做出了分析。Elsie Ho 等人则分析了新西兰等国出现的“太空人”“候鸟族”等跨国华人新群体。

（二）关于华人跨国实践的研究

跨国实践、跨国行为和国际行为有所不同。“国际”指的是具有明确边界的国和国之间的关系，而“跨国”视角则认为现实中的很多现象已经超出民族国家和国与国关系的框架，超越了制度意义上的国界。正如 Yeoh Brenda 和 Willis Katie 在 *State/Nation/Transnation, Perspectives on Transnationalism in the Asia - Pacifc* 一书中所说的，在全球化的时代，state、nation 和 transnaion 三者虽然定义不

① 刘宏：《战后新加坡华人社会的嬗变：本土情怀，区域网络，全球视野》，厦门大学出版社，2004，第 215 页。

② 潮龙起：《跨国华人研究的理论和实践：对海外跨国主义华人研究的评述》，《史学理论研究》2009 年第 1 期，第 95 ~ 106 页。

同，却被研究者尤其是实践者所忽视与消解了，[①] 这种观点促使相关领域的研究者敢于以不断变化的现象解构和创新理论。以下，将有关华人跨国实践的研究内容划分为三个板块。

1. 总趋势与现状研究

首先，在总体趋势方面，21 世纪初，斯凯尔顿（Ron Skeldon）就以敏锐的洞察力分析和预测了亚太地区，尤其是华人跨国移民的动向。柳毅则针对全球高级人才跨国流动的新趋势总结出流向多元化、渠道多样化、时间短期化、利益共享化和管理国际化几个特点。[②]

其次，在现状研究方面，姬虹等学者做了较为详细与全面的考察。她在跨国主义理论、新移民的跨国（族）婚姻、跨国政治参与、跨国移民第二代教育等方面均有涉猎。总体来讲，对华人跨国实践的研究可以分为经济、政治、社会三个维度。

在华人跨国经济活动方面，侨汇和华商研究占较大的比重。近年来，对华人新移民的研究中，加拿大学者林小华等人对于跨国企业家和跨国创业者的经济适应有深入探讨，崔大伟则认为国内紧缺的资金、技术、信息、关系网等共同构成了“跨国资本”。在跨国政治活动方面，主要包括华人移民有关祖籍国的政治声援活动、接待和欢迎来自祖籍国的政治领导人或其他官方代表团、多渠道表达个人和群体对于祖籍国政府某些政策的改变和期待，以扩展国家利益和海外侨民在移居国的权益。吴前进认为，这种跨国实践一方面带有跨边界的祖国民族主义（transborder homeland nationalism）色彩，另一方面则有双重民族主义（dual nationalism）的意味。[③] 而跨国实践的社会维度涉及的问题则更为繁杂，包括跨国网络、跨国社团、跨国婚姻、跨国家庭的生存案例等。高子平认为，海外留学生的跨国移民网络与血缘、学缘、地缘、神缘、物缘（五缘）息息相关；S. 维尔托维茨（Steven Vertovec）肯定了技术移民网络的重

① Yeoh, Brenda, Willis, Katie, *State/ Nation/ Transnation*, *Perspectives on Transnationalism in the Asia - Pacifc*, London: Routledge, 2004, p. 3.

② 柳毅：《全球高级人才跨国流动的新趋势》，《国际人才交流》2009 年第 9 期，第 26 ~ 27 页。

③ 吴前进：《冷战后华人移民的跨国民族主义——以美国华人社会为例》，《华侨华人历史研究》2006 年第 1 期，第 18 ~ 29 页。

要性，认为中国应该充分利用这些网络，推动跨国科技合作和商务往来。[1] 此外，罗向阳研究了当代华人社团的跨境活动；卢帆以福州马尾亭江镇为研究样本，剖析当地跨国家庭的建构。近期的相关研究成果显示，对于华人跨国的现状研究更多的倾向于采用案例分析的方式，这种方式能够更加详尽地针对某一个地区的某一类人的某一种现象进行深入解读，使实证研究更加严谨。

2. 有关华人移民回流实践的研究

在回流意愿研究方面，杜红亮、赵志耘采用问卷调查的方法对海外华人高端科技人才回流的意愿进行了数据分析。结果显示，愿意回国全职服务以及不来华但提供服务的人各占近20%，而倾向于以项目、研究、讲学等兼职方式来华的人占将近40%。[2] 高子平则从经济与人口学角度分析了在美华人科技人才回流意愿变化与我国海外人才引进政策转型。R. 凯洛格（Ryan Kellogg）经过大量的访谈和问卷调查之后发现，中国留学生热衷于回国发展的主要原因是中国经济崛起及文化的适应性增强。虽然回归故里的愿望也是一个突出的因素，但经济崛起是关键。

另一个研究方向是对于移民回流的适应研究。恩泽格尔（H. Entzinger）等人提出从四个维度分析跨国流动的适应与融入，即社会经济适应、政治适应、文化适应、主体社会对跨国流动的接纳或拒斥等。[3] 王蓉蓉以上海为例，分别研究了海外回流群体在职业和经济成就、家庭和社会关系、文化认同三个方面的社会适应状况。丁月牙则以加拿大回流北京的技术移民为研究对象，对回流者的再融入经历展开个案调查，显示了回流者再融入母国社会的三个主题策略：心理调适、生活和行为方式本土化以及跨国社会资本的经营和转化。这类对于华人回流意愿的研究比较突出的特点是在大量数据支撑下进行定量分析，得出的结论能解释最新时空下的跨国趋势。

---

① 高子平：《西方学者视野中的中国海外人才回流》，《国际关系研究》2013年第2期，第145～154页。

② 杜红亮、赵志耘：《论海外华人高端科技人才回归意愿及影响因素》，《科技管理研究》2011年第24期，第100～103页。

③ 徐苗：《跨国流动群体的整体性适应——望京韩国流动群体的特征及类型化研究》，中央民族大学硕士学位论文，2011。

3. 有关华人移民环流行为的研究

王辉耀认为，“人才环流”与人才回归和外籍人才归化相比，最大的区别在于环流人才可能对于一个国家的国际地位、政治体制、人文环境、经济发展程度等不那么挑剔，因为这种人才的流入并不一定是永久性的。[①] 在中国、英国和新加坡三地跨国流动的学者刘宏则对于“人才环流”有切身体会，他将以自己为代表的这类人群称为“跨国华人”，认为跨国移民的社会场景是以跨越地理、文化和政治的界限为特征的，是一种介乎于“落地生根”和“落叶归根”之间的流动与生存方式。周聿峨和郭秋梅对刘宏等学者的观点进行了梳理，对跨国华人环流的形成因素进行了总结，并对如何利用人才环流的机遇提出了建议。美国纽约州立大学高级研究员曹聪从历史角度梳理了中国的“人才流失”、“人才回归”和“人才循环”情况。Robyn Iredale，Fei Guo，Santi Rozario 所著的 *Return Migration in the Asia Pacific* 一书则选取中国大陆、中国台湾、孟加拉国和越南的回归移民为调查样本，认为目前在全球经济一体化的大环境下，以往中国等人才流失（brain drain）国家已经被人才流入（brain gain）和全球人才环流（global brain circulation）所取代。[②] 因为环流现象的出现本就晚于回流现象，而且环流现象所涉及的时间段可能更长，而华人的大规模移民潮（尤其是以中国大陆为移出地的）发生在近 30 年内。因此人们仅仅是开始注意到这一现象，对其所进行的解释也是随现象而发展变化的，所以无论是中国还是海外的研究者的相关研究成果都相对薄弱。

三　有关技术移民的研究

中国海外新移民主要由技术移民、投资移民、留学生移民、家庭团聚移民以及非法移民组成。在这其中技术移民占据相当大的比重，而华侨华人专业人士群体的壮大与技术移民潮的涌现不无关系，而且以北美地区来说，技术移民的异军突起更成为华侨华人专

① 王辉耀：《国家战略——人才改变世界》，人民出版社，2010，第 19 页。

② Robyn Iredale，Fei Guo and Santi Rozario，*Return Migration in the Asia Pacific*，Cheltenham，UK Northampton，MA，USA：Edward Elgar，2003.

业人士队伍壮大的一个主因。因此，研究技术移民是进一步了解华侨华人专业人士群体的重要途径。

斯蒂芬·卡斯尔斯（Stephen Castles）将移民类型分为临时性劳力移民、高技能和经营移民、非正规移民（无证件或非法移民）、难民、寻求避难者（经济或政治原因）、被迫移民、家庭团聚移民、归国移民。[①] 而按照厦门大学李明欢教授对于以跨国迁移者目的为主要标准的分类，可分为工作性迁移、团聚性迁移、学习性迁移、投资性迁移、休闲性迁移及托庇性迁移，并指出以上六种类型的移民可以互相转化。[②] 王辉耀则认为除了以处理国家事务为动机迁徙到海外的移民之外，当前中国的国际移民包括中国海外投资移民、中国海外技术移民、中国海外留学生、中国海外国际劳工、中国出国旅游者和中国海外非常规移民。[③] 无论如何划分，技术移民都已经成为国际移民中的一个重要类型，在当今的国际移民群体中发挥着举足轻重的作用。据经合组织（OECD）的统计，2011 年 2.14 亿国际移民（包括难民）中，高技术移民占 22%，移民中拥有高等教育学历的比率高于整体人口受高等教育的比率，发达国家中更有 24% 的移民拥有高等教育学历。[④] 总体来讲，技术移民作为人才移民，业已形成世界人口流动趋势中的增长极，被誉为“人才战争的武器”，目前如美国、加拿大、澳大利亚等国批准的绿卡中，每年都有超过 10 万人的名额分配给技术移民。

从学术角度以及各国不同的政策来看，各国对于技术移民的定义是不尽相同的。在国内，有些学者认为技术移民即技术工人移民（skilled worker），一般包括企业家、医生、工程师、商人、投资者以及退休人员等。[⑤] 还有学者认为，技术移民即高层次人才，是一

---

① 斯蒂芬·卡斯尔斯：《21 世纪初的国际移民：全球性的趋势和问题》，凤兮译，《国际社会科学杂志（中文版）》2001 年第 3 期，第 21～33 页。

② 李明欢：《国际移民政策研究》，厦门大学出版社，2011，第 8～15 页。

③ 王辉耀、刘国福：《国际人才蓝皮书：中国国际移民报告（2014）》，社会科学文献出版社，2014，第 3 页。

④ 王辉耀、刘国福：《国际人才蓝皮书：中国国际移民报告（2014）》，社会科学文献出版社，2014，第 50 页。

⑤ 李其荣：《发达国家技术移民政策及其影响——以美国和加拿大为例》，《史学集刊》2007 年第 2 期，第 65～74 页。

个与劳务输出相对应的概念。[1] 美国一般称技术移民为职业移民或工作移民，加拿大的技术移民包括企业家、投资者和经过考核的技术工人，在中国台湾则被称为专技移民。英国学者斯凯尔顿（Ron Skeldon）认为，技术移民是一个模糊的概念，其具体含义因不同语境而异。[2] 在广义上，skilled migrant，high skilled migrant，general skilled migrant 在英语文献中都可以翻译为技术移民；在狭义上，high skilled migrant 指代申请人所拥有的技术技能较高，称为高技术移民，例如在英国是专门有针对高技术移民制定的申请政策的；相对的，general skilled migrant 则指代一般技术移民。当然，不同国家在不同时期，对于高技术移民和一般技术移民划分的标准和准入门槛也随社会需要而变化。由于发达国家的移民法中技术移民常常直接对应某类和某组签证，因此在法律条文与政策中一般不使用 skilled migrant 以及 high skilled migrant，general skilled migrant。“技术移民”虽说是一个有外来和国际属性的词，却更多地出现在汉语中并被中国人所使用。刘国福认为，充分地考虑语境，技术移民的特性、内容及范围表现在以下五个方面：一是具国际性，技术移民是外国人不是本国人；二是迁徙性，没有完成迁徙行为不能称之为技术移民；三是才能性，这是技术移民区别于投资移民、亲属移民等其他类型移民的条件；四是兼容性，技术移民的身份可以是永久居民或临时居民，在跨国迁徙过程中涉及签证、居留、身份转换、入籍等一系列入境和移民问题，因而应注意其身份转换的需求；第五是融合性，技术移民面临一系列跨文化适应问题，但由于其才能性特点，又比其他类别移民更易融入移入国，同时也可能存在移入前后身份落差。[3]

学界有关于技术移民的研究，大致可以分为以下几个方面。

第一，对于华人技术移民发展概况与现状的调研。王辉耀及其

① 高子平：《印度技术移民与劳务移民的比较研究》，《四川大学学报》（哲学社会科学版）2008 年第 4 期，第 82 ~ 87 页。

② Ron Skeldon, *Globalization, Skilled Migration and Poverty Alleviation: Brain Drains in Context.* Brighton, UK: the Development Research Centre on Migration, Globalization and Poverty, 2005, p. 8.

③ 刘国福、王辉耀：《技术移民立法与引进海外人才》，机械工业出版社，2012，第 10 ~ 12 页。

创立的“中国与全球化研究中心”每年出版的国际人才蓝皮书对于技术移民、留学人才等年度系列报告显示了中国海外技术移民的最新现状。2014 年发布的《海外华侨华人专业人士报告（2014）》中公布的最新数据显示，在 5000 万华侨华人中，专业人士约有 400 万，主要集中在欧美以及日本、新加坡等国家和地区。[①] 区别于传统意义上的海外华人群体，这类行业分布以高新技术、教育、金融等领域为主的特定人群常被看成是创新创业的生力军和科技变革的引领者，这部分人群与中国海外技术移民尤其是高技术移民的身份也是基本吻合的。此外，让·巴蒂斯特·梅耶、大卫·卡普兰、豪赫·夏鲁姆在结合地缘政治学对于技术移民进行考察的过程中断言，技术移民既对故国又对东道国效忠和认同的心态，促使“知识移民群落”迅速兴起。[②] 周聿峨与龙向阳在对于华人跨国技术移民的研究中，提出了华人技术移民构建的“跨国技术共同体”。[③] 姚丽云对于英国高技术移民有较为全面的研究，其《英国高技术移民政策的变迁与华人新移民的回应》不但介绍了高技术移民政策的演变，还探讨了高技术移民群体对政策修改的回应及其与输出国之间的互动影响。[④] 然而，目前对于华人海外技术移民概况的调研还很难掌握到各个国家较为具体的数字，因为上文所述的原因，有些高知识高技能的移民可以以家庭团聚型移民或其他类别的提出申请，因此相关定性的分析远远多于定量分析。

第二，对于技术移民政策的研究。张秋生、孙红雷对于 20 世纪 70 年代以来澳大利亚技术移民政策的历史进行了梳理，并指出政策调整对于华人新移民的社会特征产生的深刻影响。王婷婷对 20 世纪 90 年代以来澳大利亚技术移民的问题及特点进行回顾，并以金融危机作为时间节点，总结了 21 世纪澳大利亚技术移民的主要

---

① 王辉耀、苗绿：《海外华侨华人专业人士报告（2014）》，社会科学文献出版社，2014，第 1 页。

② 让·巴蒂斯特·梅耶、大卫·卡普兰、豪赫·夏鲁姆：《技术移民与知识的新地缘政治学》，《国际社会科学杂志（中文版）》，2002 年 2 期，第 133 ~ 144 页。

③ 周聿峨、龙向阳：《华侨华人与国际关系》，厦门大学出版社，2012，第 251 ~ 255 页。

④ 姚丽云：《英国高技术移民政策的变迁与华人新移民的回应》，转引自王晓萍、刘宏《欧洲华侨华人与当地社会关系：社会融合·经济发展·政治参与》，中山大学出版社，2011，第 175 ~ 198 页。

政策及特点，分别从政治社会因素、社会发展、经济发展三个方面对澳大利亚技术移民政策的发展变革进行探析。曹善玉对中国政府吸引海外华人高技术移民的政策进行了评析，总结了近年来取得的成绩，同时也提出了目前面临的问题，并就这些问题提出完善人才引进工作的建议。王俏则从地方政府的角度提出了借鉴美国经验，如何制定恰当的海外人才吸引和发展战略与政策。相对来讲，近年来对于国外技术移民政策的研究成果较为丰硕，研究者也很容易利用最佳信息手段对不同国家的最新的政策做出评介。反观中国近年来对于海外人才吸引的举措，很多人也提出了相应的改善策略，只是大多数研究并没有直接将“技术移民”的概念套用于中国的海外人才引进政策的框架中。

第三，对于技术移民法的探索。刘国福近年来在该领域的著作颇丰，如《技术移民立法与引进海外人才》《移民法》《技术移民法律制度研究：中国引进海外人才的法律透视》等，他认为需要深入研究世界重要国家应对目前仍在继续的经济危机而进行的技术移民政策和法律变革，为中国技术移民法立法奠定法律基础。此外，崔润哲对韩国的外国劳动力流入制度及政策进行了分析，并认为韩国技术移民法律与政策存在诸多弊端，应及时修正法律制度，使得高技能外国人才为韩国所用。赵向华就加拿大移民法中技术移民行政处罚的主要形式及内容进行说明，阐明我国出入境管理法中技术移民行政处罚的形式，分析其审查机制中存在的不足，提出了若干改善的建议。叶氢则就我国技术移民立法应当采取什么名称、什么样的立法形式、如何协调其与移民法（出入境法）等法律的关系，应遵循什么样的原则等立法过程中应关注的问题展开探讨。相对于技术移民政策的宏大框架，上述学者已经更加敏感地意识到要将技术移民这个称谓及其内涵和外延更深入地嵌入国家的法治进程，这体现的是法学研究领域的一种迅速与国际接轨的意识，值得持续关注。

第四，对于技术移民的比较研究。李其荣将美国和加拿大的技术移民政策进行了比较，分析了两国政策中的异同，对于当前人才稀缺的形势做出了分析，认为要加快吸引人才、遏制人才外流，亚洲国家应采取积极的措施，制定人才强国战略，尤其要吸引技术人才，方能在国际人才竞争中取得主动。汪怿对于新加坡和中国的香

港、台湾、上海的技术移民政策展开了细致的分析比较，认为四地的相同点在于都运用政策工具影响人才引进，同时多采取区别性政策；而在入境、许可政策、居留实现、便利政策等方面则有所区别，应充分发挥政策的针对性、规范功能与调控功能。高子平通过对印度技术移民与劳务移民的比较研究，进一步解析印度海外移民政策重心转移的内在动因和机理，提出对于中国的人才引进政策的借鉴策略，应尽快把海外资本引进的重心从招财引资转变为招才引智。

虽然华人技术移民近年来也有较强的跨境流动趋势，但是似乎当前国内外关于这两方面结合起来的研究成果十分有限，技术移民相关研究主要还是集中于政策评介方面，而现状研究略显不足。

综上，华人新移民以及华侨华人专业人士由于自身优势而在国境间的流动日益频密。因此以上研究成果有助于防止我们单纯静止地套用旧有理论研判最新现象，而应当将这种流动的现象与特点放置于更广阔的时间与空间中，以更广阔的视角进行解析与预测。

第三节　研究思路、概念与方法

一　研究基本思路

在研究路径上，采取实证研究与规范研究相结合的方法。在本书的绪论及前四章，主要是对于北美华侨华人专业人士发展至今的情况进行梳理，基于相关理论研究面向专业人士的具体实践进行现实问题的分析，指出这一群体出现了哪些新类型，又产生了那些新趋势。最后一章是基于前文所述的一些问题，推论现象的发展规律，运用演绎和归纳方法得出相关问题应如何解决的策略。

总体来说，本书的主要内容及希望重点解决的问题可以概括为三大部分。

一是北美华侨华人专业人士群体是如何形成的，在其发展过程中主要受到哪些因素影响。回答这个问题，必须要结合所有国际移民的相关理论，还要追溯历史，厘清华侨华人专业人士在美国和加拿大从萌芽开始发展的来龙去脉，同时对于主导和制约其发展的多方面因素进行概括。

二是分析当今北美华侨华人专业人士群体发展中产生了哪些新现状与新趋势。通过归纳目前北美华侨华人专业人士群体中衍生出的重要新类型，提出如何能够更清晰地把握这类人士，特别是其中新生代发展的脉络。此外，通过探究近期华侨华人专业人士在流动中产生了怎样的跨境趋势，总结其跨境行为的形式载体和体现的特点。

三是基于接收和吸引人才的角度，剖析华侨华人专业人士回流与环流的趋势发展至今究竟有哪些成绩与弊端，应采取怎样的对策予以解决。为此，有必要采集翔实的数据，通过实地访谈、调查等方法以明晰目前海外专才在中国工作及生活中遇到的问题，从而结合国情，借鉴国际先进经验，以提出改善的策略。

对于以上三个问题，本书从包含绪论的六个部分来进行解析，因而基本框架和思路如下。

绪论部分首先解释了选择华侨华人专业人士，尤其是选择北美地区华侨华人专业人士作为研究对象的意义，然后从国际移民相关理论出发，主要从华人新移民研究、移民的跨国流动、技术移民及相关理论三个方面展开与华侨华人专业人士相关的国内外研究述评，并解释相关概念。

第一章主要着重于历史梳理，分别对美国和加拿大的华人移民史进行了概述，试图从历史长河中找寻华人希望以一技之长立足于大洋彼岸的根源。此外，对新老移民进行比较和区分，认为新移民中专业人士占据相当大的比例，并进一步分析北美专业技术华人群体异军突起的原因。

第二章主要进行的是类型研究，对于近年来北美华侨华人专业人士群体中涌现的较为典型的四类人士进行深入分析：一是关注“海鸥”的流动轨迹；二是关注高技术移民与他们所属的相关精英社团；三是关注身份灵活的一般技术移民；四是关注1.5代新移民。

第三章首先指出北美华侨华人专业人士的活动出现了跨境的新趋势。对承载其跨境行为的各类新旧载体进行分析，归纳该群体跨境行为呈现的形式与特点，进而对主导与制约北美华侨华人专业人士跨境行为的主要因素进行阐述。

第四章是基于广州市的海外人才回流与环流的调研资料，分析该市海外人才尤其是归国留学人才以及华侨华人专业人士当前回归的态势，列举“海归归海”的案例，客观分析专业人士跨国流动所面临的问题、机遇与挑战，认为在一定程度上能够从一个城市的情况反映我国吸引这类人才的总体情况。

第五章首先认为应从战略高度将海外专业人士纳入我国人才战略，继而比对了其他国家和地区吸引技术移民的有利经验，而后从宏观角度提出亟须采取制度创新，应从法律高度对华侨华人专业人士引进乃至所有海外人才引进做出相应的完善措施，再从中观、微观角度对广州市的华侨华人专业人士的引进，提出结合有关企业发展现状的相应对策。

二　相关概念释义

华侨华人专业人士：海外华裔人士中具备专业化知识及技能的人才，既包括海外出生的华人，也包括移居他国后获得他国永久居留权或国籍的华侨华人移民，不同于技术移民，也不同于海外高层次留学人才。

新移民：如前所述，新华侨华人、中国国际移民都应纳入新移民的范围；时间节点方面，有学者认为应设置在改革开放后，因而人群仅包括以中国大陆为移出地的移民。虽然下文中的研究对象以中国大陆移出的华人移民为主，但是新移民的范围应包括20世纪70年代后来自中国大陆、港澳台和东南亚地区，移居其他国家（以欧美和大洋洲发达国家为主），加入当地国籍或取得永久居民资格的华侨或华人。

技术移民：以自身才能与技能为主要条件，离开本人常住国和国籍国，合法地迁徙至另一国家的人。

高技术移民：以高技术水平为主要条件，作为申请国经济社会发展的紧缺人才从而合法永久居留或加入申请国国籍的人。在英国，申请者需具硕士以上学历，是一个固定的移民申请类型，在其他国家和语境中多没有这一具体类型，而是泛指符合条件的人群。

一般技术移民：在英文中可泛指技术移民，在下文中特指与高技术移民相对的概念，指那些受过高等教育、技术技能尚可，但未达到行业领军人才、技术骨干等高级专业人士标准的一般专业人士。

留学生移民：在海外完成学业后，以拥有海外留学经历而成为申请加入该国国籍或成为永久居民为主要条件的人士。

经济移民：包括技术移民、商业移民（含投资移民、企业家移民和自雇移民）。

1.5 代移民：又称为一代半移民，1.5generation 或 1.5G，指幼年时期从母国移入其他国家的人群，而对于移入年龄并没有严格的限制，有研究者将其划定为 13 岁，但多指成年之前，因此青少年时期移民的也应算入 1.5 代移民之列。

海归：在海外拥有生活或学习经历，回国后一般不再定居国外的人群。无论在海外是否入籍或成为他国永久居民都应纳入海归范围，很多时候特指曾有海外求学经历后回国的人。

海鸥：华人“海鸥”人群以自己特有的方式在祖籍国、祖籍地和居住国甚至其他国家地区之间流动，他们的流动性高于“海归”人群，一般已经成为正式的海外移民，流动期间不放弃外国公民或永久居民身份。

海归归海：海外华人（尤指华人移民和留学生群体）在回到祖籍国工作生活一段时间以后又选择定居海外的行为。但再次定居海外不一定是回到他们曾经长时间逗留的国家与地区，并且，所谓“归海”也不是单向的，永久性的，不再回流的行为。

回流：指海外移民永久地回到祖籍国或原迁出国生活的现象。

环流：指当今全球化的时代，许多移民既扎根于他们的居住国，又维持与母国的多重联系，甚至活跃于世界多个国家，是名副其实的世界公民，他们的跨国流动促成了国际人才环流的现象。

三　研究方法、创新与不足

对于北美华侨华人专业人士的研究，首先是基于“华侨华人研究”的领域，进而也从属于“国际移民研究”的范畴。但是在各学科交叉发展的今天，仅仅一种或几种理论和研究范式远远不足以支撑新领域新问题的探索。因此，本书采用跨学科综合研究的方法，运用政治学、社会学、历史学、教育学、经济学、法学、人口学、管理学等多领域的理论与观点来阐释该论题。在对多学科有机

结合的过程中，还运用了以下几种研究方法的结合。一是宏观与微观相结合。例如在宏观方面，将华侨华人专业人士纳入技术移民与新移民研究的大框架中，在国际移民与人才流动的潮流中考量其发展的趋势；而在微观方面，具体到某个城市的数据以及个案研究，以便从整体和个体分别对这类人群的最新发展态势进行把握。二是经验总结与定量定性分析相结合。对于掌握的一手或二手数据，以及调研访谈的资料与当前华侨华人专业人士在所调查地区的规模、就业形势以及“海归归海”等现象进行分析，预测其今后发展与变化的规律。在调研过程中，以面谈或电话访谈的形式分别对采访对象或其亲属进行较为详细的访谈，得到4份笔录及录音采访资料，配合正文与附录中的数据，均用以支撑文章的结论。三是比较研究，其中包括纵向比较，包括历史维度的比较、新老移民的比较等；横向比较则包括国家间的比较，如美国与加拿大，如北美高技术移民与一般技术移民的比较等。

相较于以往研究，有以下几点创新：第一，在学界对华人新移民研究和技术移民研究升温之际，将研究范围集中到华侨华人专业人士上来，这类人群既与前两者有很多的交集，同时还涵盖了土生华人子女乃至新移民、技术移民子女，以这类人群为研究对象，正是基于国际人才流动与循环的大趋势；第二，同时关注留学生群体、回流群体、“海鸥”群体以及部分“海归归海”的问题，提出应柔性管理海外人才；第三，对于回流或环流的海外专才研究范围不仅仅局限于（高）技术移民，也同时也分析了一般技术移民和1.5代新移民乃至有别于传统意义上的非高知群体“蓝领移民”等日益重要的类型，具有现实针对性；第四，在理论方面，不拘泥于某一种理论，运用多种学科、多重理论，比较分析与解读华侨华人专业人才在跨国语境中的活动，以期得出相对客观、公正的结论。

同时，囿于时间与笔者能力范围，文章也存在一些不足，表现在以下方面：一是由于华侨华人专业人士这一提法始于20世纪与21世纪之交，文献资料有限，因此下文中的某些数据资料，如华侨华人技术移民、高层次技术移民、海外华人高层次人才以及留学回国人员等内容都用以充实对于华侨华人专业人士的表述；二是虽然笔者对于“海鸥”人士的流动轨迹饶有兴趣，但是由于这类人群流动过于灵活，相关部门实难掌握翔实资料，加之部分单位的保密规则，因此未能如愿收集整理更丰富、更翔实的资料，主要采取定性研究的方法谈现状；三是理论学习的深度有限，运用计量模型辅助分析等方面的知识更加匮乏，仅能分析收集的部分数据，且对于国际关系学科方面的理论与实证结合得尚不够紧密。以上种种，恳请专家予以斧正。

第一章

北美专业技术华人产生与发展的历史沿革

对华裔新技术移民进行研究，就有必要从华人移民最初踏足北美大陆的历史开始进行梳理。尽管彼时没有“技术移民”与“专业人士”的概念，其后多年华人被排挤、被歧视的残酷现实也使得他们在很长一段时间里从事着与高技术、高知识无缘的工作。但是通过探寻华人移民一路走来的历程，能够管窥北美华人发展至今的生存道路的选择。因此，从历史来看，早期的一些北美华人虽从事不可替代的技术工作，或者有幸成为凤毛麟角的精英，但尚无法成为“专业人士”（此处称为“专业技术华人”），更无法形成群体效应。直至20世纪70年代以后，真正意义上的华人专业人士群体才逐渐形成规模。

第一节　华人移民迁徙美国的历程

一　早期美国华人移民的境况（1965年以前）

早在19世纪以前，就有华人进入北美大陆和夏威夷等地，主要是华商和个别技术工人。据记载，1571年曾有一批造船工到达加利福尼亚，1785年美国商船上也有中国海员在美滞留，在美国当局的正式记录中，1820年是第一个中国人来到美国的年份。[①] 大批华人前往美国则是从19世纪中叶的“淘金热”开始的。

第一阶段是华工以契约劳工的形式赴美。1849年，从各地赶往加利福尼亚金矿的人已接近10万人，其中华人有223名。1850

① 陈翰笙：《华工出国史料汇编》第七辑，中华书局，1984，第2页。

年赴美华工为700人，1860年已增加至34933人。从1848年到1883年，美国黄金总产量的2/3来自加州，而这其中华工在金矿开采劳工中所占的比例很高，从其间华工向加州政府所缴纳的税金有500万美元（占该州此项收入的一半）便可见一斑。因此，华工为加州乃至美国的繁荣和发展都做出了贡献。此外，“西进运动”促使美国急需横贯东西的铁路干线，1867年，华工涌入美国开始承担通往美国西部的铁路修筑工作，长期保持在10000人以上。因为条件艰苦、工作危险，某些地段华工的死亡率竟高达10%，由于华工的辛勤劳作与流血牺牲，原本计划14年修筑的铁路仅用7年就得以完工。[①] 为此，著名作家马克·吐温曾在作品中专门描写了加州华工勤劳善良，却受到不公待遇与歧视的遭遇。进入19世纪70年代，由于各国移民不断入境，劳动力出现表面过剩的现象，美国社会开始出现反华言论，到19世纪80年代，反华声浪持续高涨，1885年怀俄明州的石泉煤矿发生了大型反华、排华惨案。1882年，美国国会以《北京条约》为借口，正式通过了第一个排华法案。当时美国华侨华人人口已达150000人。[②]

第二阶段是1882～1943年。这段岁月是黑暗的排华时期，美国社会从早期（19世纪40～70年代）对华人普遍欢迎转为排斥的态度，华工移民始终处于被奴役、被压迫的地位。已在美国的中国人无权申请美国国籍，华人移民随之骤减，而且由于华人的家眷无法申请赴美，华人社会进入了“光棍社会”。1900年，加州华人男女比例为12:1，波士顿为36:1，纽约则为50:1。[③] 然而在此期间，清政府的态度开始由不闻不问逐渐转变为保护，尤其是陈兰彬、容闳等驻美使节一直为制止排华运动，给予华人公正待遇而奔走。

第三阶段是1943～1965年前后。第二次世界大战期间中国军民在反法西斯事业中的壮举极大地提高了中国的国际地位，1943年中美签订平等新约，美国放弃在中国的一切不平等权利，同年参议员麦迪逊提出废除禁止中国人入境法及给予配额的提案，后美国

① 陆国俊：《中国的华侨·美洲》，中国国际广播出版社，2010，第37～44页。

② Xiao - huang Yin, “The Impact of Continuing Chinese Immigration on Chinese American Life,” *Chinese American Forum*, Special Edition, June 2004, pp. 9 - 14.

③ Xiao - huang Yin, “The Impact of Continuing Chinese Immigration on Chinese American Life,” *Chinese American Forum*, Special Edition, June 2004, pp. 9 - 14.

总统富兰克林·D. 罗斯福向国会发出咨文，要求废除排华法案，并最终在年底批准。此后，在美华人地位有了相当程度的提高，过去从不雇用华人的行业和领域都逐步开始雇用华人，土生华人第二代成长起来，逐渐从进行体力劳动、低技术含量的行业转为从事脑力劳动的专业人士。

在新移民到达之前，以广东沿海地区农民为主的华人移民由于语言不通，文化和生活习惯上受到歧视，只能在夹缝中生存，从事白人不屑或没有条件参与的行业，例如洗衣业、餐馆业和零售（杂货）行业，这些行业在很长一段时间成为北美华人社会经济领域的支柱。然而值得注意的是，早期华人移民虽缺乏高级的社会资源与技能，仍然显示了这个族群特有的勤劳与智慧。早在“淘金热”时期，采金工人们结成小组，精细合作，或采用中国式水车，或采用两根绳子拴起来的戽斗和桶冲洗出水孔道的办法采金，是对美国采金技术发展的一大贡献。[①] 在太平洋铁路的修建过程中，华工承担了大量点雷管、填炸药、开隧道等工作，不仅需要勤劳勇敢，更需要掌握娴熟的技术以配合。同时，华人重视文教，努力提高自身素质的优秀传统一直深深根植于族裔文化之中。华人在经济条件允许的情况下，在北美多地建立私塾和专馆，以培养华侨子弟，美国第一所华侨子弟学校可追溯到 1885 年的远东学堂。在此风气的影响下，尽管排华法案未被废止，华人屡遭欺凌，却总有杰出的专业人士出现：培养出晚熟甜橙（又称“刘锦浓橙”）的加州华侨刘锦浓为美国农业科技做出了重要贡献；在工业科技尤其是 20 世纪初的飞机制造方面，则出现了冯如、谭根等人。此外，容闳、詹天佑等“留美幼童”在美学习期间已展露了惊人的才华，为中美两国的文教、科技事业都做出了不可磨灭的贡献。二战后，美国华裔子弟也享有进入高等院校学习的权利，加之此后世界各地华人留学生赴美学习的人数增多，美国华侨华人的整体素质日益提高。据统计，1940 年美国大陆华人中从事专业科技行业的约占 2.5%，加上从事一般管理人员、职员、推销员及秘书等工作的人数占华侨华人总数的 20%，而工匠、手工艺人、农民等仍占多数；到 1970 年，这部

① 陈翰笙：《华工出国史料汇编》第七辑，中华书局，1984，第 38～39 页。

分体力劳动者或低知识结构劳动者的比例下降到40%以下。①

二　华人新移民潮涌现（1965年后）

1965年，美国颁布了新移民法《哈特—赛勒法案》，致使来自亚洲和拉美地区的移民高于以往任何时候，同时，美国华人人口从20世纪60年代至2000年增长了十余倍。这不仅仅是数量上的变化，更是华人移民与欧美各国移民享有同等待遇，华人社会及其族群内部社会发展的转折点。② 由此，中国台湾、中国香港以及东南亚华人开始了往美国迁徙的移民和再移民，美国华人社会的语言也由单一的粤方言变为多种方言与普通话共融的局面。《哈特—赛勒法案》允许各国移民每年不得超过2万人，因而台湾及香港作为中国领土的一部分，起初只允许每年移民数百人至数千人。台湾从1982年起增至2万人，香港在1990～1995年每年增加1万人，东南亚新华人移民绝大多数则作为难民处理。③ 1978年中国大陆实施改革开放政策，1978年底第一批公派留学生赴美，1979～1998年，留学生、访问学者及其家属迅速得到了永久居民身份，这一法案通过后，8万在美华人学生、暂时居留人士及部分非法移民取得了美国绿卡。④ 21世纪，无论是大陆还是香港、台湾等地的华人，移民美国的规模比以往更大，投资移民等类型也成为新移民的重要组成部分，但是如果以申请移民的类型来统计，家庭团聚类移民根据美国移民政策仍占据主体，经济类移民的比例增大。截至2013年5月28日，美国国土安全部公布的数据显示，2013财年中国大陆移民入籍人数35387名，在各国家和地区中排名第五，占所有入籍人数比例的4.5%。⑤ 目前来看，1965年后，华人新移民在美国的发

① 陈翰笙：《华工出国史料汇编》第七辑，中华书局，1984，第96～99页。

② 高伟浓等：《国际移民环境下的中国新移民》，中国华侨出版社，2003，第78页。

③ 黄昆章：《祖国大陆、台湾、香港及印支在美新移民的比较研究》，《华侨华人历史研究》1995年第2期，第8～13页。

④ Pia Orrenius, Madeline Zavodny, Emily Kerr, "Chinese Immigrants in the U. S. Labor Market: Effects of Post - Tiananmen Immigration Policy," *International Migration Review*, Volume 46, Issue 2, June 2012 (Wiley Online Library).

⑤ 《2013年美国78万人入籍中国大陆移民占4.5%》，美国侨报网，http://www.usqiaobao.com/，2014年6月1日。

展主要存在以下三个大趋势。

（一）在美华人数量激增

1965年的美国新移民法为合法移民进入美国开启了大门，同时自20世纪70年代起，美国进入了“后工业社会”和“信息化时代”，其社会形态发生了变化，对于劳动力移入的要求也有别于以往任何一个时代，华人移民和各国移民共同组成了美国的新移民群体。美国华人移民的人数在20世纪内，尤其是最后30~40年内产生了巨大的变化（见表1-1）。

表1-1　20世纪美国华人人口变化

单位，人，%

年份	人口	男女比例	海外出生率
1900	118746	13:1	91.7
1910	94414	9.3:1	79.3
1920	85202	4.7:1	69.9
1930	102159	3.0:1	58.8
1940	106334	2.2:1	48.1
1950	150005	1.7:1	47.0
1960	237292	1.3:1	39.5
1970	435062	1.1:1	46.9
1980	812178	1.0:1	63.3
1990	1645472	0.99:1	69.3
2000	2879636	0.99:1	65.0

资料来源：Xiao-huang Yin, “The Impact of Continuing Chinese Immigration on Chinese American Life,” *Chinese American Forum*, Special Edition, June 2004, pp. 9-14。

美国华人人口的变化也深刻地影响着华人社会内部结构的调整，李其荣教授认为产生了以下的一些较为明显的变动。一是人口结构的变化。其中首先是祖籍结构多样化，目前的新移民的祖籍地遍布神州大地各省份；其次是年龄结构年轻化，美国人口普查显示适龄就业人口（25~64岁）中，非美国本土出生的华人占42%，留学生在其中占主体部分；最后是男女比例日趋平衡（表1-1中已显示20世纪70年代后这一趋势日益明显）。二是知识结构的变化。三是职业结构的变化。[①] 应当说，后两个变化是相辅相成的，正因为华人的整体文化水平有所提高，才能逐步进入高收入阶层的行列。

（二）改变了华人社会的知识结构与职业结构

如上所述，美国华人新移民的知识结构和职业结构在近半个世纪有着巨大的变化，而这种变化的方向也与本研究所关注的专业人士和新技术移民正相吻合。一方面，土生华人第二代成长起来，他们中的不少人开始接受高等教育，走入专业人士的行列；另一方面，中国的大陆、台湾、港澳以及东南亚等地的华人更多的则以留学生身份在美国进行学习，他们中的很多人选择申请绿卡或入籍。在 1990 年的一项调查中，美国 25 岁以上华人中具有本科或以上学历的男性占 46.7%，女性占 35%；在就业华人人口中，有 67.1% 的人从事工程与科技类、工商管理类、医疗健康类、学术与教育类专业工作。[②]

在华人新移民移入美国的过程中，也有一些阶段性的特征。例如 20 世纪 50～70 年代，台湾移民作为最早期的高知识高技术新移民移入美国；20 世纪 80 年代开始，来自中国的大陆、台湾和世界其他地区的华人共同创造了美国华人技术移民令人瞩目的成就，而此时一些源自台湾的华人开始回流；至 90 年代，大陆高技术移民数量继续扩大；而到 21 世纪，其中的一些人也开始了回流和环流的征程。通过华人技术移民进入硅谷的历史就可以清晰地了解华人新技术移民的流动过程（见图 1－1）。

此外，在留学生所学专业与职业分类方面，新移民也经历了一个阶段性的转变。21 世纪以前，华人学生往往选择理工科专业，一方面是因为长期以来有着“学好数理化，走遍天下都不怕”的思维定式，另一方面是因为美国就业市场确实对理工科人才需求旺盛。美国 20 年间获得理工方向博士学位的共有 325727 人，其中来自中国大陆的博士学位获得者高达 10.8%。[③] 而另一个数据（1988～1996 年

① 李其荣：《新华侨华人的职业结构及其影响因素——美国与加拿大的比较》，《东南亚研究》2008 年第 2 期，第 72～77 页。

② Tan Chee－Beng，Colin Storey，Julia Zimmerman，*Chinese Overseas：Migration，Research and Documentation*，Hong Kong：The Chinese University Press，2007，p. 278.

③ 王作跃：《“学好数理化……”：1978 年后大陆留美科学家研究》，载国务院侨务办公室政研司编《北美华侨华人新视角——华侨华人研究上海论坛论文集》，中国华侨出版社，2008，第 143 页。

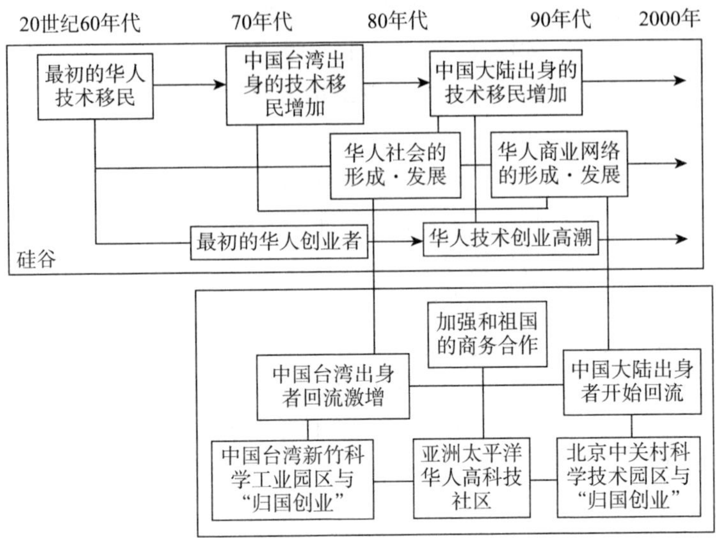

图 1－1　华人技术移民及其进入硅谷的历史

资料来源：蔡林海：《鹫与龙：跨国公司战略与华人创新网络》，青岛出版社，2002。

美国授予的华人科学与工程博士学位人数）也有力地佐证了这一现象（见表 1－2）。

表 1－2　美国授予的华人理工科博士人数占比（1988～1996）

单位：人，%

学科领域	总毕业生数	中国大陆毕业生数	占比
数学	9173	1354	14.8
物理	32897	4278	13.0
工程学	48109	4377	9.1
地球、大气、海洋科学	6934	622	9.0
生物与农业	52928	4442	8.4
计算机科学	7202	421	5.8

资料来源：Tan Chee－Beng，Colin Storey，Julia Zimmerman，*Chinese Overseas：Migration，Research and Documentation*，Hong Kong：The Chinese University Press，2007，p. 280。

当然，20 世纪 90 年代中期，计算机科学还未像今天这样被广泛应用于生活，而当今在美国学习计算机科学的学生很可能是理工科专业中占比最高的。但时至今日，中国大陆的留学生成为美国留学生来源国之首，以 2012 ~ 2013 学年为例，中国赴美留学人数达 235597 人，占美国留学生总数的 28.7%，与占第二位的印度拉开了不小距离。[①] 同时，中国留学生在所受教育层次选择方面逐步低龄化，本科生、高中生增长趋势明显，研究生层次的留学生虽处于主体地位，从 2012 年开始比例首次出现下降。而留学生在专业选择上更趋多元化，如 2010 届赴北美的本科毕业生就读研究生专业意向中选择工商管理学的人数比例高达 40.7%，2011 年略有下降，也达到了 34.4%。[②] 同时，留学生与技术移民往往跨专业选择就业，除传统的计算机、电子信息等领域，更多的专业人士还向新生物工程与新医药、文化创意、新能源、节能环保、新材料等行业分散。

（三）非法移民现象持续

由于美国经济比加拿大这类福利国家更加富有竞争力，因此在美国寻求机会向上流动的空间更大，而美国的非法移民问题也比加拿大要严重得多。19 世纪 60 年代以后，除了大量的墨西哥非法移民，中南美洲、东欧及亚洲国家的非法移民也呈上升趋势。在入境场所选择方面，除了从陆路边境非法入境之外，经由航空、海港等口岸非法入境的现象也日益增多；在入境策略方面，除了传统的偷越边境的方式之外，还包括利用虚假证件蒙混过关、人口走私以及通过合法途径入境但却逾期不归等。[③] 19 世纪七八十年代后，中国非法移民不再使用以往的假纸（假身份证冒称美籍华人子女）方式，而是形成了以牟取暴利为目的的非法偷渡组织“蛇会”，拥有巨大的利益链条和严密的程序。

虽然偷渡充满风险，非法移民上岸后也往往只从事社会底层的体力劳动，但是 20 世纪 80 年代以来约有一半以上的非法移民取得了合法身份，因而一些人的“美国梦”依然没有幻灭。尽管来自中

① 王辉耀、苗吕：《中国留学发展报告（2014）》，社会科学文献出版社，2014，第 104 ~ 106 页。

② 王辉耀：《中国留学发展报告（2012）》，社会科学文献出版社，2012，第 39 页。

③ 欧阳贞诚：《1965 年以来美国的外来移民及其经济影响》，东北师范大学博士学位论文，2010。

国的非法移民仅仅是美国非法移民群体中的小部分，但是他们依然构成了新移民的一部分，影响着美国华人移民社会，并对国与国之间的关系产生微妙的影响。

第二节　华人移民在加拿大的生存空间

一　早期加拿大华人移民的经历

华人踏足加拿大的足迹与美国华人相似，华人最早赴加拿大的历史始于 18 世纪，但 19 世纪中后期大批华工正式涌入加拿大则同样因为淘金热和铁路修筑。

第一阶段是排华法案前的契约劳工时代。1858 年 6 月 28 日，第一批远赴加拿大采金的 300 人华工队伍抵达维多利亚港，这一日期至今为华人所纪念，成为华人最早到达加拿大的纪念日。在采金热中（1848 ~ 1871），不列颠哥伦比亚的华工最多时在 1 万人以上，① 他们为英国殖民者创造了大量的财富。这期间，也有一些华工为发财致富，节衣缩食，最终以高额购买了金矿的产权。1880 年，横贯加拿大东西的太平洋铁路动工，据《先驱者》一书作者马青记载，其间约有 2.5 万中国人来到加拿大，约占当时不列颠哥伦比亚省总人口的 1/5。② 华工为加拿大早期建设谱写了壮丽的篇章，被后人称为“加拿大立国之本”，而第一任加拿大总理也曾表示“没有中国工人就没有太平洋铁路”③。就在淘金热冷却与太平洋铁路竣工在即之时，华人受到了来自加州和大洋洲的白人固有的排华情绪的歧视，虽然那时他们暂时享有充分的法律平等。

第二阶段是人头税与排华法案实施期间（1884 ~ 1947）。为了安抚白人劳工的情绪，并防止失业华工成为盲流，不列颠哥伦比亚省决定设置人头税迫使华人离开。1884 年，省政府向每位华人强征 10 元人头税，1885 年为 50 元，1900 年为 100 元，1904 年则达

---

① 陆国俊：《中国的华侨·美洲》，中国国际广播出版社，2010，第 39 ~ 40 页。

② 《最是难忘桑梓情——记旅加拿大著名侨领马寿山先生》，江门市外事侨务局，http://www.jmwqj.gov.cn/newsShow.asp? dataID = 85，2011 年 12 月 27 日。

③ 张桂霞：《加拿大中国移民概况及发展态势》，《南方人口》2007 年第 1 期，第 14 ~ 21 页。

最高峰500元，相当于一名华工当时两年的工资收入。1885~1923年的38年间，加拿大政府共收取华人人头税2300万加元。[①] 人头税使华人移民数降至平均每年只有几百人，1887年温哥华发生抗议雇用华人的暴乱，1892年卡尔加里天花流行时爆发了袭击华人洗衣房的事件，1907年温哥华还发生了反对亚洲移民的动乱。当局尽管不希望事态严重，却一直对华人持歧视态度。萨斯喀彻温省于1908年剥夺了华人公民权，不列颠哥伦比亚省几乎每年通过一次"土生法"，即用语言考试排除亚洲人的移民法。[②] 1923年，加拿大政府在废止人头税的同时，通过了严苛的《排华法案》，这一法案更加有效地禁绝了华人移民。1924~1947年，仅有8位华人获特许移民加拿大。而此间，加拿大政府和民间倒没有了患"恐华症"的理由，华人第二代移民也逐渐开始成长。他们在加拿大学校接受教育，能说流利的英语（或法语），争取公民身份的华人也开始增多，不少土生华人信奉了基督教，1941年有30%的华人表示自己是基督教徒。在不列颠哥伦比亚及其他地区，华人逐渐开始成为白领技术工和专业人员。[③]

第三阶段是废除排华法案后至新移民到来之前。事实上，在二战后期，华人的地位已经得到了提升，如萨斯喀彻温省在1944年恢复了华人的选举权，并正式招募华人入伍，1945年不列颠哥伦比亚省则为两次世界大战中服役的华人授予选举权，这都为最终排除对华人移民的限制做了铺垫。1947年，加拿大政府废除了长达25年的禁止华人入境条例及其他排华命令，从此，华人移民开始增加。加拿大在1951年公布的《移民法》为此后加拿大输入外来移民提供了法律准绳。20世纪50年代的华人移民仍以家庭团聚为特点，华人社会的男女性别比例渐趋平衡。1951年华人男女比例为604:100，而1914年时该比例则为2001:100。[④] 这一时期，第二代华人迅速成长，他们中的很多人开始从事白领工作，许多人成为著名的专家、工程技术人员与高级管理人员。

---

① 《最是难忘桑梓情——记旅加拿大著名侨领马寿山先生》，江门市外事侨务局，http://www.jmwqj.gov.cn/newsShow.asp? dataID=85，2011年12月27日。

② 王昺：《文化马赛克：加拿大移民史》，民族出版社，2003，第378~379页。

③ 王昺：《文化马赛克：加拿大移民史》，民族出版社，2003，第383~384页。

④ 王昺：《文化马赛克：加拿大移民史》，民族出版社，2003，第387页。

二　加拿大的华人新移民时代

20 世纪 60 年代以后，加拿大的移民政策逐渐淡化了传统的种族主义色彩，转而更加注重实用主义，对于移民准入的条件集中到移民的经济能力与经济动因上。尤其是 1967 年开始对“记分制”的采用，更是将经济移民推到了该国移民政策的重要位置。因而在与美国极其相似的时机与国际背景下，加拿大与美国共同开创了大量接纳移民的新时代，而加拿大尤其注重经济移民的引进，也开启了华人新移民的时代。

这段时期又可以分为以下两个阶段。

第一阶段是 20 世纪 60 ~ 70 年代，在大批中国大陆移民到来之前，主要是接纳来自中国香港、中国台湾及东南亚各地的华人移民。1962 年，迪芬贝克总理对没有从事非法活动、道德正派的非法移民进行特赦，同时颁布新规，降低了移民来源国分量。如前所述，1967 年的“记分制”改革，根据移民潜在的经济贡献能力进行筛选，使得华人与其他国家的移民站在了同一起跑线上。1976 年加拿大开始了新移民法立法讨论并于 1978 年通过，这个移民法对经济移民申请者仍坚持计分制度，同时也对家庭团聚型和难民类型移民给予更多的配额。1972 ~ 1978 年是华人移民加拿大的一个高峰期，其中有 77% 的移民来自中国香港（其中包括小部分内地到港，短期内赴加的人），9% 来自中国台湾，5% 来自马来西亚，4% 来自中国大陆，其余 5% 来自世界其他地方。①

第二阶段则是 20 世纪 80 年代至今，中国逐渐成为加拿大的第一移民来源国。1980 年以来，中国逐渐放宽出国条件，因而大批大陆新移民选择了加拿大这一生存环境和发展机会均优的国家作为留学和移民的地点：加拿大的多元文化和谐，社会福利有保障，且中加没有根本的利害冲突，经济方面还有很大互补性。此外，一些向往北美的人选择加拿大先落脚，再根据自身情况决定是否前往美国。在 20 世纪最后的 20 年，华侨华人人口迅速从 1981 年的 289245

① 王昺：《文化马赛克：加拿大移民史》，民族出版社，2003，第 388 页。

人增加到2001年的1029400人，[①] 据估算2001年加拿大约有120万华裔人口。21世纪以来，加拿大移民局每年约接纳25万移民，2001年起，来自中国大陆的移民都没有低于总数的10%，其中60%属于经济移民，因而中国也一直是加拿大近年来技术移民和投资移民的第一来源国。[②] 由表1-3可见，近年来虽然来自中国的移民数有所波动，但其仍是加拿大10年来最主要的来源国。

表1-3　加拿大近10年永久居民前3位的来源国

单位：人

来源国	2003	2004	2005	2006	2007	2008	2009	2010	2011	2012
中国	36251	36429	42292	33078	27013	29338	29050	30196	28695	33018
菲律宾	11987	13303	17525	17718	19067	23727	27277	36580	34991	32747
印度	24594	25573	33141	30746	26047	24548	26117	30251	24964	28943

资料来源：加拿大公民与移民局数据。

目前，华人新移民群体的人口结构在加拿大总体呈现以下几个特点。

首先，新移民的来源地发生了变化，中国大陆成为主要来源地。1980~1983年，共有17273名中国大陆人士移民加拿大，占当时新华侨华人移民的37%以上，20世纪80年代末，加拿大共接收了6.9万中国大陆新移民。尽管中国香港移民曾在1997年前形成一个去往加拿大的小高峰，但由于政局稳定，加拿大的就业机会也并未如他们想象中乐观，其中相当一部分人在成为永久居民或入籍加拿大后又选择回流香港。从1998年开始，内地移民超过香港移民，成为加拿大移民来源地首位的地区。同期，中国台湾移民的数量也有下降的趋势。[③] 1991~2001年，中国大陆移民高达197355人，超过中国香港的118385人和中国台湾的53750人。[④]

① 高伟浓等：《国际移民环境下的中国新移民》，中国华侨出版社，2003，第104页。

② 王辉耀等：《移民潮——中国怎样才能留住人才?》，中信出版社，2013，第115页。

③ 黄昆章、吴金平：《加拿大华侨华人史》，广东高等教育出版社，2001，第251页。

④ 新加坡《联合早报》2001年7月4日。

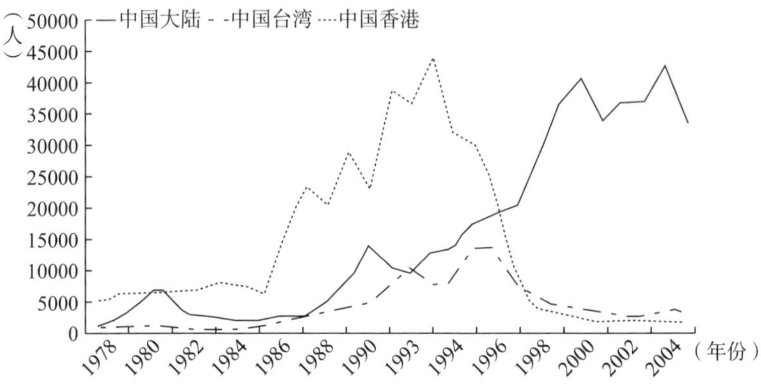

图 1－2　中国移民的三个主要群体人口变化

资料来源：关键、林小华：《多元文化社会的经济参与：加拿大的中国新移民》，载国务院侨务办公室政研司编《北美华侨华人新视角——华侨华人研究上海论坛论文集》，中国华侨出版社，2008，第 89 页。

其次，新移民中经济移民占有较大比重，而经济移民中技术移民的比例则更加突出。就移民身份而言，有 54% 的华人移民以经济移民的身份来到加拿大，这部分人被认为是对加拿大经济发展贡献最具潜力的群体。20 世纪 80 年代，仅 43% 的华人移民属于经济移民类别；时至 90 年代，这个群体所占比例上升到 58%（极为接近加拿大政府规定的 60% 的配额）。[①] 1985 年后，加拿大对自雇或雇主类型移民与投资类型移民分开进行评估。加拿大的投资移民以及企业家移民（即商业移民）在其后的 30 年内也成为华人新移民选择的重要移民类型。在相当长的一段时间里，香港成为加拿大最大的商业移民来源地，大陆和台湾商业移民的数量也持续上升。而改革开放之后，留学之路逐渐开阔，不少大陆留学生由于有加拿大教育背景，申请技术移民较为容易，留学生群体就成为潜在的技术移民。1995 年，加拿大则紧缩家庭团聚类移民配额，重点吸纳独立移民，中国一些高级知识分子则直接申请了加拿大技术移民。因而有研究者认为，中国大陆新移民中，有 65% 是技术移民。[②]

① 徐丹：《论加拿大华人移民人口结构的变化》，《世界民族》2007 年第 6 期，第 75 ~ 79 页。

② 王辉耀等：《移民潮——中国怎样才能留住人才?》，中信出版社，2013，第 115 页。

最后，新移民的年龄比例、职业构成、聚居地等均形成了自身的特色。目前，加拿大俨然已属老龄化国家，而华人新移民处于15～64岁年龄段的人占全部华人移民人口的3/4。华人移民当中的“年龄依赖人口比例”为32%，远低于加拿大全部人口的相应比例的46%，[①] 有近半数华人则处于创造社会价值的黄金年龄段。华人移民的职业也从早期传统的低附加值行业转为从事律师、医师、会计师等专业工作，或是担任高级管理工作、投资经商、从政等。早期华人移民主要聚居于不列颠哥伦比亚省，而新移民则不断东移，目前他们主要居住于安大略省、不列颠哥伦比亚省、阿尔伯塔省和魁北克省，尤以多伦多、蒙特利尔、温哥华、渥太华和卡尔加里等大城市为聚居区。据调查，投资移民偏爱温哥华地区，而技术移民则更倾向居住在多伦多周边区域。同时，华人的政治经济地位也取得了全面提高，新移民中的投资移民给加拿大社会带来了巨大的财富，仅香港移民在20世纪90年代末就给加拿大输入了200多亿港元。而大量技术移民凭借自身专业技能与素质取得了高薪职业，并形成了较强的参政意识，甚至在势头上赶超美国。1999年，加拿大历史上首位华裔总督伍冰枝女士就职，无疑使华人社会为之一振。2006年6月22日，加拿大政府举行仪式，就人头税和《排华法案》向全体加拿大华人正式道歉，并对事件中的受害者及家属每人补偿2万加元，这不仅是加拿大政府正视历史的姿态，更是华人在社会各领域全面取得令人尊重的地位而引发的结果。

第三节　北美华人社会新老移民的分野

20世纪六七十年代，随着美国和加拿大相继经历了后工业化时代的洗礼，多元文化主义兴起的同时“熔炉说”式微，新移民法的制定能够摒弃种族主义，更多地考虑国家实际需要而引进移民，这使北美地区迎来了新的移民大潮。如前所述，北美华人移民群体也发生了前所未有的变化，这种变化不仅仅是人口数量这种单纯规模上的扩大，也给华人社会带来了深层次的变革。要对华侨华人专业人士进行研究，尤其是其中占比较高的新技术移民

① 新加坡《联合早报》2001年7月4日。

进行探究，首先有必要对新老华人移民之间的分野进行更加详细地区分。

第一，华人新老移民的分野体现在社会阶层上。如前所述，由于新移民掌握了技术和商业资本，更容易在北美社会获得上升的渠道，也更容易获得体面的工作与高薪酬。周敏认为华人走向西方主流社会有三种流动模式：第一种是从社会经济结构的底层干起，通过不懈努力与奋斗进入中产阶级，这条传统道路比较适合那些受教育程度低、劳动技能与专业技术水平低，或对主流社会劳工市场不甚熟悉的移民；第二种模式是通过教育成就直接进入主流经济的白领专业阶层；第三种模式是通过自我创业和发展族裔经济企业（ethic entrepreneurship）完成。[①] 一般来说，第一种流动模式无疑更适合老移民，第二种模式适合于老移民的第二、第三代和新移民。而随着华人移民数量空前激增和大量人力资本与金融资源涌入美国与加拿大，第三种模式的发展早已超越传统意义上的洗衣业、饮食业和零售业，转而打入主流经济和高新产业。此外，华人通常用学校、房产、居住区域及消费水平来衡量人们的身份与阶层，但华人社会内部阶级地位也并不完全取决于金钱。例如一位文化程度不高的餐馆老板虽然会为自己高于博士们月收入的进账感到得意，却希望今后自己的子女能够读书深造，获得博士学位，不必赚伺候他人的辛苦钱，从而在根本上改变家族的社会地位与社会阶层。总体来讲，北美华人新移民在最近的半个世纪里，在社会阶层流动上占据更有利的资源，因而更容易加入当地中产阶级和富裕阶层的行列；而老移民由于还从事纯体力工种与服务型行业，相对来讲则处于华人社会的底层。

第二，华人新老移民的分野体现在居住模式上。一个半世纪以来，北美洲华人移民无论是在地理分布还是在居住模式上都发生了很大的变化。以往，美国华人主要是居住在加州、纽约和夏威夷，而当代华人遍布 48 个州，历史上华人极少的得克萨斯、内布拉斯加、科罗拉多、印第安纳等州的华人人口迅速增长。截至 2006 年，加州、纽约、得州、新泽西与麻省 5 个州的华人人口约占全美华人

---

① 周敏：《美国华人社会的变迁》，郭南译，上海三联书店，2006，第 19～21 页。

总人口数的66.86%。[①] 加拿大华人则从不列颠哥伦比亚省逐渐东移，例如阿尔伯塔省因石油产业而得到了很多华人的青睐，多伦多也在20世纪80年代赶超温哥华成为华人聚居最多的城市。目前，华人人口前5位的分别是安大略省、不列颠哥伦比亚省、阿尔伯塔省、魁北克省、曼尼托巴省。[②]

唐人街在北美华人150年间的迁移史中扮演着举足轻重的角色。在20世纪60年代以前，由于美、加两国的华人受种族歧视，发展极为有限，当地华人便安居唐人街一隅。而由于唐人街的妇女儿童逐渐增多，加之华人移民也潮涌而来，小小的唐人街不再是华人的聚居区，而渐渐演变成一个海外中华文化的象征与符号。目前北美新老华人大概有以下三种聚居模式。第一种仍是传统的唐人街，尤以美国的纽约、旧金山，加拿大的多伦多、温哥华为代表，这些唐人街住房条件差、道路拥塞，居住的华人平均收入低，文化程度也较低，英文欠佳。以纽约唐人街为例，其中49%的亚裔家庭年收入在2万美元以下，而生活在贫困线以下的人群中，40%是儿童，35%是老人。当今唐人街除了一些尚未脱贫的华人老移民，也吸纳了不少没有一技之长的新移民和非法移民。第二种模式是卫星社区模式（Satellite Chinatown），这一趋势始于20世纪七八十年代，当时经济条件提升的华人，尤其是受过高等教育的华人开始向郊区迁移，如纽约市的法拉盛（Flushing）和旧金山市的里士满（Richmond）等地，后来这些大城市附近的卫星社区吸引了来自中国大陆的新移民。但是，由于近年来的发展变化，这些社区内的房屋已显得偏旧，租赁者较多，其居民经济水平介乎于唐人街和郊区之间。第三种模式则是少数族裔聚居郊区（Ethnoburbs），当前两种社区已经难以容纳日渐庞大并多元的新移民群体，新移民中更加优秀的中产阶级和富裕人士直接选择住房宽敞、学区优良、配套完备的郊区定居，打破了北美白人一统郊区“卧城”的局面。其结果便是多族裔、多语言、多文化的少数族裔聚居郊区的形成。根据美国2004年的统计，一半左右的华人居住在郊区，硅谷附近的佛利蒙

① 李唯、钟玮：《新移民的地理分布和居住模式：市区唐人街与郊区华人移民聚居区》，载国务院侨务办公室政研司编《北美华侨华人新视角——华侨华人研究上海论坛论文集》，中国华侨出版社，2008，第17～26页。

② 郭娟娟：《加拿大华人新移民研究》，安徽师范大学硕士学位论文，2011。

市（Fremont）便是这样的新华人移民聚居区。[①]

第三，华人新老移民的分野体现在语言文字上。虽然说中华民族的子孙同文同种，但是由于原本来源地的方言不同以及繁简体字等发展之中出现的分歧与差异，新老移民在语言文字的使用上尚有隔阂。加拿大的一项调查显示，加拿大55岁以上认同自己为华裔的公民中，有82.5%的人使用粤语，9.5%的人使用普通话，4.4%的人使用台山话（四邑话），3%的人使用英语，0.6%的人使用其他语言。[②] 由于不断加入华人移民群体的个体来自中国的大陆、港澳、台湾和东南亚等地，分别以普通话、粤语、闽南话（含潮汕话、海南话等次方言）、客家话等为母语，差异较大；而老移民与港台地区华人习惯使用繁体字，来自中国大陆和新加坡等地的华人更愿意使用简体字，在一定程度上给不同来源地、不同背景的华人之间的交流带来了隔阂。这些差异与隔阂还反映在华文教育和华文媒体中，有些老移民是乡音未改而难以交流，而有少数较为极端的人士甚至极力反对简体字教学，或是针对大陆籍新移民有歧视性的态度和待遇。

第四，华人新老移民的分野体现在社会活动上。应当说，老移民及其第二代在北美社会中的奋斗目标是进一步适应东道国的环境，寻求东道国社会的认同感，闯出个人与家族的一片天地；而新移民到来之时，他们更加直观地感受到了中国在国际舞台上与日俱增的实力，因此除了个人的自我实现，他们相对更加注重中华文化的传承，认为这是所在族群不可或缺的精神，并更愿意将这一点表现在社会活动中，为华裔争取更多的权益。在新老移民摩擦与融合的过程中，老移民主导的一些社团逐渐显现出其保守与困境，而新移民社团成员则更年轻富有活力，更主要的是他们的组织不再局限于传统的宗亲会、同乡会，而是发展了更多行业协会、专业人士协会、综合性多功能的有别于传统社团的组织。双方互动不多，一是

---

① 李唯、钟玮：《新移民的地理分布和居住模式：市区唐人街与郊区华人移民聚居区》，载国务院侨务办公室政研司编《北美华侨华人新视角——华侨华人研究上海论坛论文集》，中国华侨出版社，2008，第17~26页。

② Neena L. Chappell, "Perceived Change in Quality of Life among Chinese Canadian Seniors: the Role of Involvement in Chinese Culture," *Journal of Happiness Studies*, 2005,（6）: 69-91.

由于上文所述的语言方面的差异，二是由于兴趣不同。新移民加入社团属于联谊性质，组织灵活，可以同时加入多个社团，而传统华人社团则大多组织相对严密，有详细的规则。此外，老移民社团活动场所囿于唐人街内的会馆，场所固定且有限制，而新移民社团则依靠网络，灵活多变，因此二者在融合上有种种困难。[①] 在此过程中，还出现了新移民向老牌华人组织要求让渡领导权的情况。当然，新移民建立的组织也并非全部是奉公守法，拥有更高层次的追求。香港臭名昭著的黑社会组织三合会就在温哥华建立了国际性犯罪活动组织，其核心成员大多受过高等教育，精通中英文，打着经商的幌子从事贩毒等不法活动。[②]

总体来讲，新移民在华侨华人专业人士中占很大的比例，探析专业人士的发展绕不开对于新老移民的比较研究。新移民的社会活动更加多元化，他们与老移民之间的分歧与矛盾则是时代发展的必然，是新旧文化与观念碰撞所出现的交锋。新老移民在社会活动的方方面面显现的差异不仅仅在社团组织方面，而是随着华裔对于“美国华人”、“加拿大华人”以及“北美华人”这些称谓更多的认同，华人社会“和而不同”的理念是一脉相承的，并将会更加理性地显现。新老移民的冲突与差异固然存在，然而相信他们的合作与趋同将会更多地出现在社会生活中。

第四节　北美华侨华人专业人士群体异军突起的原因

一个国家的专业技术人才决定着其发展的走向和速度，因为这类人才的培养与引进对国家人才战略来讲至关重要。北美华人一路走来，深谙“家有黄金万两，不如薄技在身”的道理。一方面，老一辈华侨华人为了后代能改变命运，不惜血本在子女的教育方面投资，土生华人的专业人士队伍不断扩大；另一方面，以

---

① 周兆呈：《美国亚裔研究学者周敏：模范少数族裔　另一种排外机制》，新加坡《联合早报》2011 年 4 月 10 日。

② Shibao Guo, Don J. DeVretz, “The Changing Faces of Chinese Immigrants in Canada, working papers of Research on Immigration and Integration in the Metropolic,” No. 05 – 08, 2005, p. 7.

大陆人士为主力的新移民要么通过留学经历，要么通过已经掌握的过硬的技术知识希望在北美能够立足，并借此打开进入主流社会的上升渠道。据统计，受过大学本科以上教育的美国华裔占本民族的48%，远远超过全美平均数。可以说，华人传统观念中重视教育的优良习惯一直未曾改变，加之美加两国人才立国、移民兴邦的国策，使得华人专业技术人士能够在近几十年里获得前所未有的发展空间。

首先，美国和加拿大的政策决定了北美华人专业技术群体的蓬勃发展。有关机构预测，美国在自然科学方面的专家将短缺67万人，而加拿大则亟缺25万名各类技术工人，其中“高科技领域人才”尤其是IT界人才短缺的情况最为严重。为此，美加两国不断调整移民政策，根据市场需要引进合适的人才。美国的职业优先人员分为三类：第一类是在某一领域中已经取得殊荣和重大成就的特别能力者；第二类是具有高等学位的专才；第三类是专业人员、技术工人和非技术工人，他们不一定受过高等教育，但是必须要有培训与工作经验，限于紧缺的领域。[①] 美国除了吸纳技术移民外，还通过“H－1B”[②] 签证等方式，以短期工作的形式聘请外国专业人士并为其提供临时的工作岗位，1999年，“H－1B”配额由5.4万人上升至14万人，2001年增至19.5万人，由于“9·11”事件的影响，2004年回落至6.5万人。此后有增有减，2013年、2014年均为6.5万人，由于亚裔申请者的踊跃，该签证常常在申请日刚开始的几天就已被用完。以往，美国的法规一直将国家的职业移民配额限制在7%，而该国在2011年通过的一项吸引高学历移民的法案规定，2015年美国将完全取消职业移民的国家配额上限，并将亲属移民的全国配额由7%增至15%，[③] 这一政策无疑将招揽包括中国高学历人才在内的全世界技术移民。而加拿大面临的问题不仅仅

---

① 李其荣：《发达国家技术移民政策及其影响——以美国和加拿大为例》，《史学集刊》2007年第2期，第65～74页。

② 一种非移民签证，专为发放给美国公司雇用的外国籍有专业技能的员工，签证期限为3年，可再延长3年，其间可以申请永久居民，6年中配偶和未满21岁的子女可合法陪同。

③ 王辉耀等：《移民潮——中国怎样才能留住人才?》，中信出版社，2013，第107～120页。

是缺乏高层次人才，该国也缺乏广泛意义上的技术工人，还面临人口老化的结构性问题。近年来，加拿大的移民政策不断调整，比如2006~2007年，加拿大移民局对移民申请手续进行了简化，技术移民的配额也有所增加；2009年，所需技术移民种类从300个减少到38个，技术移民通道收窄。尽管近期的一些调查表明加拿大独立移民及技术移民的华人申请者比例有所下降，甚至其中高学历人士的比例也比以往有所下滑，但是总体来讲，拥有高学历和专业技能的华人申请者仍在加拿大技术移民中占据最高比例。① 为鼓励更多优秀国际人才通过留学途径进入加拿大并为之服务，2014年，加拿大的留学新政策允许优秀的国际留学生毕业后，从事全职工作直到其获得毕业工作签证，而以往获毕业工作签证前此类人士不得从事全职工作；此外，一改游客不允许在加拿大申请学生签证的政策，变为处于学前、小学、中学阶段的游客或指定院校的访问学者、交流学者只要完成该校规定课程，都可以在加拿大境内申请学生签证。

其次，导致华人专业技术人士比例持续上升的另一个重要原因是出国留学潮的涌动自从20世纪中国政府完全开放自费留学之路以来，北美地区一直是留学生热衷的学习地点。除了高技能人才和投资人士，外国留学生也是美国和加拿大政府移民政策优先考虑的重要对象。对于美、加政府来说，外国留学生既能为其教育产业创汇，又能够成为补充技术人才的源泉。有调查表明，美国每3~4个研究生中，就有1个来自国外，而这其中又有11%左右为中国人。在美中国留学生在近20年内，回归率一直低于20%，这使得美国政府省去了前期培养费用，而花费相对较低的成本收获了精英。一般美国留学生毕业后大约有1年的求职时间，近几年美国政府将理工科留学生毕业后的实习期延迟到2.5年；针对“H－1B”申请名额已满，还特批美国毕业的外国理工科硕士及以上学位获得者每年2万个指标；而特别杰出的外国留学生则可通过“杰出人才”或“国家利益豁免”类别直接申请绿卡。在加拿大，中国毫无疑问地成为第一大留学生来源国。加拿大政府还鼓励外国留学生

---

① Yan Shi, The Impact of Canada's New Immigration Act on Chinese Independent immigrants, Canadian Journal of Urban Research, No. 1, pp. 140－154.

毕业后如果找到合适的工作，尽快申请加入该国国籍。2008 年，加拿大政府放宽留学生校外工作的规定，假期还可全职工作；同年更是将留学生在加拿大的工作签证期限延长至 3 年，只需 1 年管理、专业、技术工作经验就可通过“加拿大经验类别移民”申请，成为永久居民。[①] 表 1 - 4 是 2008 ~ 2012 年加拿大留学生来源国的排名以及年度外国学生的进入人数，可见中国留学生多年来不但逐年增加，而且稳居榜首。

表 1 - 4　加拿大留学来源国与即年外国学生人数（2008 ~ 2012）

单位：人

来源国	2008	2009	2010	2011	2012
中国	13659	16373	17727	21822	25346
印度	3219	5703	11774	12112	13136
韩国	13907	11015	10456	8187	7212

资料来源：加拿大公民与移民局数据。

再次，技术移民和投资移民迅速成为新移民群体中专业人士的重要组成部分。纵观改革开放以来华人的北美移民大军中，虽有港澳台和东南亚华人，来源地为中国大陆的还是占主要比例；其中虽然不乏非法移民和技术技能水平不高的从业者，但是专业人士乃至精英人士仍是劳动力市场的主角。之所以来自中国大陆的移民较为精英化或者说精英移民，应当是全球化经济环境下的个体与群体选择。具体来说，他们移民的理由多种多样，有人可能为了追求更多的财富，有人可能为了事业的辉煌，有人为了下一代受到更好的教育，也有人为追求更好的居住环境等。但是，无疑都是为了谋求更好的发展。华人技术移民具有知识层次高、适应能力强的特点，在经济、文化、科技等领域贡献大，其中在美国的新移民在科技、经济、金融领域成就突出。美国是聚集海外华裔高端人才最多的国家，也是中国流失高端人才的第一流向国。截至 2015 年，已有 9 名华裔获得自然科学方面的诺贝尔奖，除屠呦呦外，其余 8 人获奖时均已加入美国国籍。而投资移民在原居住地就有较强的经济能

① 王辉耀等：《移民潮——中国怎样才能留住人才?》，中信出版社，2013，第 117 页。

力，其移民目的除了更好的生活环境外，还寻求企业的异邦的开拓，积累更多的资本。总体而言，无论华人带来的是智力财富还是实际资产都对北美社会形成了常态化的优势资源补给，他们或从事专业技术工作，或从事管理工作，对于华人社会整体的职业构成、平均收入与社会地位的改变进程起到了加速的作用。

最后，移民后代成长为北美华人专业人士群体中的新生力量无论是早年移居北美的老侨还是在知识水平上更胜一筹的新移民，都毫无例外地格外重视下一代人的教育问题，因此美国和加拿大的第二代、第三代华人不断以新鲜血液的形式补充到华人专业人士的群体中来。如前所述，受过大学以上教育的美国华裔人数远远超过全美平均数。美国一年一度从高中毕业生中选拔 141 名总统青年学者，华裔所占比例越来越大，2000 年占了 10 名，2001 年达 14 名。英特尔科学奖，每年全美决出 40 名决赛者，2010 年华裔子弟占 16 名，最后获奖的选手中，华裔学生占 1/3 强。在诸多高级别奖项竞赛中华裔子弟获奖比例都远远高出华裔占美国总人口（1%）的比例。[①] 对于新生代来说，他们在海外生活有更优于祖辈的语言优势和与西方人更加趋同的思维模式，除了在高等教育、技术科研以及金融等华人专业人士聚集的领域发挥作用外，华人移民的后代更容易冲破固有思维，参政议政，真正进入主流社会的精英阶层。从早年的夏威夷州众议员邝友良、亚利桑那州众议员及参议员邓悦宁到今天的州长及部长级人物骆家辉、第一位华裔女性国会议员赵美心等无不是土生华人精英中的佼佼者。

小　结

华人登陆北美一个半世纪以来，经历了被排斥、被歧视的黑暗岁月，逐渐取得了主流社会的认同和包容，也用勤劳与智慧证明了自身的价值。在这个过程中，华人族群内部也产生了多元的发展变化，新老移民之间虽在很多方面存在差异，但是中华传统文化之中

① 王俏：《美国华侨华人专业人士现状及对地方政府吸引和发展海外人才战略的建议》，湖南省外国专家局网站，http://hunan.caiep.org/trainpro/content.php?id=807，2008 年 11 月 3 日。

勤劳致富、一技傍身的思想却在不同时期、不同背景的华人群体中一脉相承。近 50 年，由于美、加两国的国家利益需要，显现对人才求贤若渴的态势，加之北美华人本身尚文重教的传统经过几代人传承已经在人口素质上得以体现，国际人才流动的大潮又带动了华人技术移民和投资移民对专业人士群体的迅速补充。由此，北美华人专业技术人才在华人群体中异军突起，飞速成长起来。可以预测的是，未来华人技术移民，尤其是新移民中的技术专才将会在华人社会中更加耀眼。

第二章
北美华侨华人专业人士中的新类型研究

北美华侨华人专业人士作为近年来活跃在国际政治、经济、文化、科技等领域的跨国活动实践者在海外华侨华人群体中颇为突出。在近30年海外华侨华人群体的发展过程中，新移民、高层次土生华人及其受到良好教育的后代成为华侨华人专业人士的主体。在这其中，一些颇具代表性的新类型应运而生，比如国际人才环流趋势带动下的“海鸥”人群、高技术移民、一般技术移民以及1.5代移民逐渐发展为专业人士群体中的子群体，都是值得进一步挖掘的重要研究类型。对于这些人群的研究，更多的是基于动态的考量，将专业人士中较为活跃的人群，尤其是典型的跨国活动践行者以及能够反映最新移民动态的一些人群、组织，辅以案例进行分析。

第一节 国际人才环流与随之而来的“海鸥”人群

一 “海鸥”的概念由人才环流所催生

传统的移民研究中，移民被看作永久性、回归性或临时性移民。而在当今全球化的时代，许多移民既扎根于他们的居住国，又维持与母国的多重联系，甚至活跃于世界多个国家，是名副其实的世界公民，促成了国际人才环流的现象。联合国开发计划署的研究报告将人才环流的定义总结为四个维度：在空间上，至少跨越两个国家；在时间上，涵盖从数个月的短期流动到终生的循环流动；在

重复次数上，至少包括一次循环；从发展的角度看，来源地国家和目的地国家都会从人才的流动中受益。[①] 对于人才环流的概念，王辉耀认为应遵从联合国的定义，排除海外人才短期回国访问的情况，基本在海外定居才能构成人才环流的条件。此外，进行“人才环流的群体”，也需要经常性地往返于两个或多个国家之间，一般拥有多国的国籍、永久居留权、长期签证，才能构成循环流动的形式。[②]

在中国以更加开放的态度迎接人才时，不仅仅迎来了大批“海归”，也催生了“海鸥”人士的驻足。华人“海鸥”人群以自己特有的方式在祖籍国和居住国甚至其他国家和地区之间流动，他们的流动性高于“海归”人群，业已形成一股特殊的力量，正在发挥着日益显著的影响力。由于这类人群往往比较分散，个体流动方式也有其随意性，充满了不确定因素，对于其管理确实存在一定难度。但是，正因为“海鸥”在华侨华人和留学生移民中的比例迅速增加，教育、人事、侨务、出入境等部门更应加大对这类跨国华人流动情况的调研，发挥其积极作用。

从目前来看，多数研究者倾向于将“海鸥”描述为高层次的专业人士，如王辉耀认为“海鸥”主要指进行跨国环流的留学生，且多为高层次人才。[③] 而刘宏则更愿意使用“跨国华人”这一提法，指那些在跨国活动的进程中，将其移居地同出生地联系起来并维系起多重关系的移民群体，认为这一群体代表了一种介于落地生根和落叶归根之间的移民模式。[④] 周聿峨与郭秋梅认为跨国华人的活动场域更加“去地域化”（Deterritorization），而在跨国活动中，又逐步形成以祖籍国—移居国为轴心，辐射世界各国的华人跨国知识网络。[⑤] 总体来说，研究者应当基于国际人才环流的大背景对于“海鸥”人群的辐射效应有所共识，但是对于这类人群的称谓或者包含

① 《让中国成为人才环流中的重要一极》，《科技日报》2014 年 4 月 27 日。

② 王辉耀：《国家战略——人才改变世界》，人民出版社，2010，第 19 页。

③ 王辉耀、苗绿：《中国海归发展报告（2013）》，社会科学文献出版社，2013，第 19 页。

④ 刘宏：《当代华人新移民的跨国实践与人才环流——英国与新加坡的比较研究》，《中山大学学报》（社会科学版）2009 年第 6 期，第 165～176 页。

⑤ 周聿峨、郭秋梅：《跨国主义视角下的华人环流思考》，《八桂侨刊》2010 年第 3 期，第 28～33 页。

的具体范围可能尚不非常明晰。值得注意的是，不少研究者将其界定于技术移民尤其是高技术移民的范围之内。从历史上看，知识分子似乎属于有“迁徙”习惯的一个群体。因为基础知识也好，应用技术也罢，始终被全球各国所竞逐，也将有赖于人们的推广和掌握，这必然使得传播知识的人在国际循环往返，使得人类共同的知识财富得到分享。在这个过程中，技术移民为了共同的目标走到了一起，形成“知识移民群落”“跨国技术共同体”等特殊群体，这是人才环流的一个显著结果。值得思考的是，高技术移民可能更具备环流的自身条件，观念上也更加不受地域和制度束缚，但目前在世界范围内，一般技术移民，尤其是从事各类商务活动并拥有较丰富社会网络的大小“海鸥”同样拥有较强的流动性，同样也是人才环流的重要组成部分。此处需要指出的是，“跨国华人”并不能与“海鸥”完全画等号，应该说两者都生发于国际人才环流的大背景，但是前者主要是基于跨国主义而提出的概念，个体性更强，理论性也更强；后者则是更多的跨国实践者基于自身与群体的行为而得出的称谓，群体性较强，更具华人语境中的文化色彩。

二　北美“海鸥”人群的壮大及其流动轨迹

根据人社部的统计，2013 年末，我国留学回国人员总数达 144.5 万人，其中 2013 年回国 35.4 万人，比 2012 年增长 29.5%。[①] 但是由于户籍、家庭团聚、社会适应等多重原因，真正能够做到放弃外国一切而全身回国的人员比例毕竟不占多数。有研究表明，人均 GDP 达 4000 美元，教育经费占 GDP 的 15% 以上，才能达到人才回归的高潮，因此目前来讲我国与此标准尚有不小的差距。在 2011 年杜红亮等人针对海外高端科技人才回归意愿所做的调查中，愿意回国全职服务以及不来华但提供服务的人各占近 20%，而倾向于以项目、研究、讲学等兼职方式来华的人将近占 40%。[②] 此外，根据早前加拿大的一项调查，回流人士中想返回大陆长期工作的占 16.7%，

① 《2013 年度人力资源和社会保障事业发展统计公报》，人力资源和社会保障部网站，http://www.mohrss.gov.cn/SYrlzyhshbzb/dongtaixinwen/shizhengyaowen/201405/t20140528_131110.htm，2014 年 5 月 28 日。

② 杜红亮、赵志耘：《论海外华人高端科技人才回归意愿及影响因素》，《科技管理研究》2011 年第 24 期，第 100～103 页。

两边跑的占50%，最终又赴加拿大的占33.3%。可见，“海鸥”一族不可等闲视之，无论是已经在跨国实践中的“海鸥”，还是那些有潜在意愿的准“海鸥”，都需要被给予更多的关注。

因此，在国家层面，自2013年9月起实施的《中华人民共和国外国人入境出境管理条例》比以往增设了Q字签证和S字签证，实质为亲属签证、随行签证和私人事务签证，主要面向在中国境内有亲属的申请入境居留的人员，外籍华人无疑成为这两种签证的主要受益人。这在某种程度上也显现了政府对于满足外籍华人来华需求的一种重视。江苏、浙江等省份也针对“海鸥”人员制定并实行了一系列柔性管理政策，尝试打破国籍、户籍、地域、身份、人事关系等人才流动中的刚性制约，尽可能提供政策便利与财政支持。

在流动方式与合作形式方面，高层次的跨国的“海鸥”人才可以通过经商、创业、项目合作、向国内转移技术、培养研究生、讲学讲座等多种方式进行灵活多样的合作，因此也形成了“哑铃模式”“候鸟模式”“两栖模式”“遥控模式”，以及主打研发团队的“张江模式”等不断衍化、升级的人才环流合作形式。但与此同时，对于有别于高层次人才的“海鸥”的游刃有余，更多的华人“海鸥”虽然在国与国之间游走，其道路选择却并非那般潇洒。

W先生案例：中国—德国—美国—中国—美国

W先生是20世纪60年代生人，家庭成员多有海外工作或生活经历。国内大学德语专业毕业后，W先生赴德申请工作机会，并在德结识波兰裔妻子，在德国7年后，又赴美与其兄妹团聚。5年后其兄长受国家领导人之邀，决定举家归国于北京名校任教，W先生受其兄影响，也打算回国。由于打听到在加拿大短暂停留期间结识的远亲Q已先行回国，在苏州工业园开办光伏企业成为领军人物，W决定投奔Q，主要负责贸易工作。在苏州期间，由于其请假较多，Q并未顾及亲戚情面而是按人事制度扣除其工资，W愤然离开，赴上海另一家光伏企业就职，其间并未将身份、户籍等转回中国。4年后，由于其妹夫在美国南部某市经营的企业已享有盛誉，W遂准备回美助其发展下游产业和贸易。其妹夫也已成为名副其实的“海鸥”和“空中飞人”，有时在美国负责研发，有时则要过问中国工厂的生产制造业务，但销售市场主要为美国。此时的W权衡再三，觉得自己的家庭并不那么适应中国的生活，而妹夫公司的销售渠道则在美国，于是又决心举家重回美国，但是一年中也因工作原因常回往返于中美之间。

（访谈时间：2013年11月23日、2014年6月8日，访谈对象：W先生姐姐、姐夫，访谈形式：面谈）

在这个案例中，W先生作为一名非高层次专业人士的“海鸥”，其流动轨迹显现两个特点。一是由于并非高层次人才，其流动更加依靠亲缘与地缘等传统社会关系网络。W与其兄长和妹夫不同，其兄长辞去美国终身教授，是受国家领导人之邀，其工作开展是建立在与国内单位的高层次合作基础之上的；其妹夫在国内设厂也主要依靠自身的专利技术，不需要依附于任何亲友。而W先生虽从事贸易工作，除外语并无其他专业特长，在海外多年实际仍最倚重华人的亲缘网络，其主要的社会网络仍是亲属，这说明这个层次的“海鸥”对于亲缘、地缘等传统社会网络的倚赖。二是他们的流动往往患得患失，随意性强。对于一般层次的“海鸥”来说，无论是回国就业还是创业，他们都不是政府部门的座上宾，而由于不愿把户籍身份等转回国内，也就无法享受优惠政策，在机会方面就会逊于海归；同时，没有更高的学历与技术、没有资金、没有项目，也没有出色的海外工作经历，就会使他们在中国的工作机会减少，在条件方面也就逊于海归或者“海鸥”高层次人才。这个时候，大多数“海鸥”更不会轻易放弃外国国籍或永久居民身份，只能不断小心翼翼、患得患失地寻找生存空间，因此他们的不确定性和流动性则更大。

第二节　北美高技术移民与相关精英社团

在北美地区，高层次技术移民在最近的30～40年内成倍增长。1990年的一项对美国25岁以上华人的调查显示，具有本科或以上学历的男性占46.7%，女性占35%；在就业华人人口中，有67.1%的人从事工程与科技类、工商管理类、医疗健康类、学术与教育类专业工作。有机构估算美国的华侨华人专业人士大约有240

万人，而加拿大则有26万人左右，因此共有266万华侨华人专业人士在北美生活，其中85%的华侨华人专业人士拥有硕士或以上学历，[①] 即约有226万华人属于高层次人才。这其中，技术移民的占比较高。2011年美国人口普查数据显示，中国大陆及港澳台地区华人移民人口为223.1万人，[②] 加拿大统计局预测，华人移民在2017年将会超过180万人。[③] 如果高层次技术移民约占移民总数的三成至四成的话，北美高层次技术移民的数量保守估计在100万人以上。

一　高技术移民释义

塞缪尔·亨廷顿在《我们是谁？——美国国家特性面临的挑战》一书中曾提到："个人对全球化进程的参与程度，几乎是直接随个人的社会经济地位而定的，精英人士参与得比一般人深。""20世纪后期的技术发展促使精英人士追求超国家身份和非国籍化。"他们被称作"达沃斯人""金领工作者""世界事务专家"等。[④] 的确，正是在全球化的推动下，高层次专业人士正在以灵活、从容的姿态穿梭于各种国际场合，这与上文"海鸥"人士的状态是相吻合的。而华侨华人专业人士，尤其是其中的技术移民是这类人士的重要组成部分。20世纪六七十年代以后，华人大量移民北美；20世纪80年代以后，中国大陆新移民尤其是高知识、高学历的技术移民作为北美华人群体中异军突起的精英，更引发了研究者的高度关注。这个时间段与塞缪尔·亨廷顿对于精英人士跨国参与的推论也是相契合的。在这个背景下，华人技术移民，尤其是其中饶有建树的高技术移民、精英群体引发了研究者的高度兴趣，因为无论是他们的活动半径、频次，还是产生的影响都远远高于其他类别的移民。

---

① 王辉耀、苗绿：《海外华侨华人专业人士报告（2014）》，社会科学文献出版社，2014，第11～28页。

② 美国人口普查局网站，The Foreign Born From Asia：2011，http://www.census.gov/prod/2012pubs/acsbr11－06.pdf，2012年11月6日。

③ 加拿大统计局网站，http://www.statcan.gc.ca/daily－quotidien/080402/dq080402a－eng.html，2008年4月2日。

④ 塞缪尔·亨廷顿：《我们是谁？——美国国家特性面临的挑战》，新华出版社，2005，第194～220页。

首先，在讨论华人精英中的高技术移民之前有必要将技术移民中的高技术移民和一般技术移民加以区分。如前所述，在广义上，skilled migrant、high skilled migrant、general skilled migrant 在英语文献中都可以翻译为技术移民；在狭义上，high skilled migrant 指代申请人所拥有的技术技能较高，称为高技术移民，在英国和荷兰有专门针对高技术移民这一名称制定的申请政策，而在澳大利亚则可能对应为商业技术移民和特殊人才类别，相对的，general skilled migrant 则指代一般技术移民。当然，不同国家在不同时期，对于高技术移民和一般技术移民的划分标准和准入门槛也随社会需要而变化。由于发达国家的移民法中技术移民常直接对应某类和某组签证，因此在法律条文与政策中一般不使用 skilled migrant 以及 high skilled migrant、general skilled migrant，“技术移民”虽说是一个有外来和国际属性的词，却更多地被中国人使用以及在汉语中所使用。[①] 因此，下文所说的高技术移民和一般技术移民也都是相对的概念。

一般来说，高技术移民指以高技术水平为主要条件，作为对申请国经济社会发展紧缺人才的补充从而合法永久居留或加入申请国国籍的人。在英国，申请者需具有硕士以上学历，是一个固定的移民申请类型，在其他国家和语境中则没有这一类型，而是泛指符合条件的人群。我们通常也可以将其归纳为“高精尖人才”“特殊人才”“国际高层次人才”等，在本书中特指与技术移民相对的概念，即那些受过高等教育、技术技能尚可，但未达到行业领军人才、技术骨干等高级专业人士标准的一般专业人士，待下一节中再详细展开。

根据李明欢教授的统计，1950~1991 年，因为大批留学生与移民从中国大陆、香港、台湾等地区来到美国和加拿大，仅美洲华侨华人社团数量就从 469 人增为 2252 人，一跃成为仅次于亚洲的第二大海外华侨华人专业人士社团的聚集地。[②] 时至 21 世纪，据“中国与全球化智库”的调查，目前美洲的华侨华人专业人士社团在地

① 刘国福、王辉耀：《技术移民立法与引进海外人才》，机械工业出版社，2012，第 10~12 页。

② 李明欢：《当代海外华人社团研究》，厦门大学出版社，1995，第 5 页。

区分布上已占绝对优势，为42%，远超亚洲华侨华人专业人士社团24%的占比。[①] 而美洲的华侨华人专业人士社团主要集中在北美洲，其规模、人数和活动领域使得他们在海外华人社会以及中国的影响力与辐射力与日俱增。同时，据王辉耀等人的统计，海外华侨华人专业人士社团中核心成员的学历为博士研究生者高达76%，[②] 可见高层次技术移民在其中扮演着举足轻重的角色，由他们所主导的，人员比例占大多数的专业社团可称为精英社团。因此，研究华人高技术移民、研究精英群体，不可能抛开其所属组织进行零散的研究——当今的精英社团的最新发展状况，也就代表着高技术移民的整体动向。

二　北美华人精英社团的类型

根据专业人士和高技术移民的特点，北美华人精英组建的专业人士社团可以分为以下几种类型。

（一）专业型社团

根据专业大类，可分为自然科学与工程技术类专业社团，以及人文科学与社会科学类专业社团两大类型。在北美华人自然科学与工程技术类专业社团中，有以下几个颇具代表性的典型。

中国旅美科技协会是一个组织、建制较为完善的大型高科技人才资源团体，它诞生于1992年。其管理机构分成三部分，即执行委员会、董事会、理事会，分别承担执法、立法和司法三种职能，分别由现任主席、上任主席和下任主席主持，管理体系已然国际化、现代化，又有着自身的独特之处。该组织拥有定期的会讯，每年召开一次年会，其组织的专业论坛、创办的专业期刊以及交流活动都较为高端。该协会仅在2009年一年内，就携带了120多个科技项目回国进行交流，签订合作或达成合作意向的项目有20余个，而其中部分项目已经资金到位或公司落户国内。该协会遵循“中美共赢”的发展宗旨，而其中不少成员如李彦宏、邓中翰甚至选择了全身回国发展。

① 王辉耀、苗绿：《海外华侨华人专业人士报告（2014）》，社会科学文献出版社，2014，第63页。

② 王辉耀、苗绿：《海外华侨华人专业人士报告（2014）》，社会科学文献出版社，2014，第69页。

玉山科技协会是北美洲乃至全球（在中国香港、中国台湾、新加坡均有分会）华人科技工作者集合的一个大型社团组织。该组织在 1990 年由硅谷华人创建，后在美国、加拿大多地设有分会。其宗旨是促进科技信息交流，促进科技成果转移，协助科技创业基金获取，协助科技人才求职，交换企业经营管理经验，举办与科技有关的讲演、座谈或专题研究，强化各地玉山协会之合作，因而在北美华人科技界拥有很高的声望。

此外，像美国的旅美科学家与工程师专业人士协会、美国华人生物医药科技协会、北美中国半导体协会；加拿大的加中生物医药科技发展协会、加拿大中国专业人士协会、中加建筑业协会等都属于发展较好的科技专业性团体。它们在成立初期大多仅承担着服务华人专业人士的职责，但其后与中国及全球各地华人开展了更深层次的人才交流。

在人文科学与社会科学类专业社团中，纯专业与学术交流的社团由于数量众多、发展各异在此不再赘述，值得关注的是一些密切关注中国发展以及中美、中加关系的高端研究机构，它们的发展至今业已具有智库的性质，或者初具成为智库的条件。

成立于美国旧金山的“一九九十学社”是一个不断发展的研究性社团，又兼有慈善性团体的功能。这一组织是一直致力于中美民间的理解与互信而设立的一个非营利性机构。在这个机构中，大量的华人高水平学者参与其中，该社团的活动分为两条线——一条是学术线，20 余年来举办了多场高端中美关系学术论坛，并对与中国发展有关的政治、经济问题进行深入研讨，出版了一系列权威性的丛书；另一条是慈善线，主要是关注中国贫困地区妇女儿童的教育，并组织赴大陆支教的教师工作坊进行长期或中短期培训。以这一组织对于中美关系的研究与贡献，尤其是其中有分量的研究成果和专著来衡量，可以说完全称得上是一个新型智库。

而另一个社团组织——加拿大的“海鸥创业平台”则与传统的智库或研究机构组织有所不同，从其目前的形态来看，规模还不算很大，只能说接近于一个智库的雏形。除了提供项目对接以及人才交流的服务外，该机构有自己的独立思想和研究方向，那就是海鸥创业。这一方向既非笼统的归国创业，也不是华人在加拿大的适应研究，而是创出了自身的特色。这得益于组织的创建者林小华等人，其中，林小华与关键都是加拿大莱尔森大学（Ryerson University）的教授，同时，他们还拥有自己的出版物——《步印枫国：加拿大留学成功之路》。因而，这样的社团型智库应该说比单纯的交流组织与中介机构更多了一层研究的色彩，更容易形成有自身特色的思想体系。

（二）综合型社团

以加拿大中国专业人士协会（CPAC）为例，该协会成立于1992年，早年是为初到加拿大的中国学子提供职业指导及生活指南的平台，而今已拓展了海外交流及人才储备的功能。该组织设有职业服务、会员服务以及海外交流三个中心。在江苏、浙江、山东、广东四省及多个地市设有人才联络站，在三个城市建立了“CPAC中国创业基地”；组织协办了多场国侨办、侨联、人事部、教育部、各级政府的海外高层次人才招聘活动及招商引资活动；组织海外高层次人员及外籍专家组团回国考察、应聘。同时，该组织参与政府咨询，常年组织中加经贸交流、环保、水资源、矿产资源、教育、文化等专题研讨会及主题画展、图片展等。目前来讲，这种运营成功的大型综合性专业人士社团在北美越来越多，由于主要领导者与参与者的层次较高，与中国的跨国交往更为密切，比传统社团的容量更大，因此也能够衍生为全面开花的综合型社团。

（三）其他类型精英社团

首先，是近年来发展迅猛的商业团体。华人高技术移民与精英人士参与的商业团体与传统商业社团的不同之处在于其层次之高，并且有些依托于行业背景，尤其是科技创新的大行业背景。比如说北美商会中的高端组织北美华人创业协会、加拿大商会、加拿大中国商会科技协会就属于其中的代表。

其次，校友会乃精英人士十分热衷参与的社团组织。由于高端专业人士几乎都具备高学历，无论是他们在中国的母校还是曾经就读的北美名校都是这类人士共同的资源与平台。因此，借助同学、老师等学缘关系进行联谊的校友会在北美华人精英的圈子里办得红红火火，而很多校友会的功能也不仅仅局限于联络感情，更发挥了了解母国信息、促进人才交流、科技成果转换等多种作用。

最后，是精英人士参与的一些地缘、神缘组织。如果说维系老侨联系的社团更多地基于地缘、亲缘和神缘，那么精英人士也并没有刻意割裂这些天然联系。精英人士尤其是高技术移民进入传统的同乡会与宗亲会之后，带来了新鲜血液与管理思维，很多传统社团产生了新气象。至于神缘所联结的社团，也比以往发生了更多变化。20世纪70年代，起源于中国台湾星云法师的佛光山来到洛杉矶，掀起了北美地区华人的佛教信众潮，但主要参与者来自中国台湾、中国香港及东南亚地区，中国大陆新移民参与得不多。而高技术移民中的不少人来到北美以后信仰了华人第一大宗教——基督教，以所在地教会为组织开展华人基督徒之间的活动，规模也日渐庞大。[①] 总体来说，新型的专业人士社团既超越了传统的地缘、神缘，却又和谐地将这些因素涵盖其中，正处于积极健康的发展态势中。

三 北美华人精英社团的特点

从上述新型的北美华侨华人高层次专业人士所主导的精英社团现状来看，目前这些社团的发展逐渐呈现以下几个新特点。

（一）首屈一指的专业性

从这些社团自身与业缘高度相关的角度来讲，首先呈现的是其专业性。它们的参与人员具备高学历，多为高级脑力劳动者，掌握着尖端技术与管理经验，取得了一定的社会地位，高层次技术移民占成员中很高的比例。这样的组织将专业人士汇聚起来，更易形成拳头效应，从众多类型的社团中脱颖而出。在笔者对《华侨华人社团机构名录》[②] 一书及国务院侨办经科司推出的“全球华侨华人专业协会协作网”[③] 所列的共145个北美洲华人新移民社团网站的研究整理后发现，目前这些新型社团主要依靠互联网开展联络。而其中的专业社团，如果所属行业方兴未艾，尤其是在一定地域内能集中优势的，多发展得比较完善。如“大费城美中医药协会”以及“硅谷中国工程师协会”等社团举办的活动较为丰富，网站更新也较快。又如“北京大学北加州校友会”，看似仅仅是单纯的校友联

① 岳志强、王部励：《杨凤岗的美国华人宗教研究述评》，《华侨华人历史研究》2008年第2期，第72~79页。

② 广东华侨华人研究会：《华侨华人社团机构名录》，广东人民出版社，2007，第152~187页。

③ 全球华侨华人专业协会协作网，http://www.ocpan.org，2014年10月2日。

谊组织，却因其依托硅谷创新产业，使成员间多了一层共同的行业背景联系。该校友会的理事长苏战是一名经常往返于美国与中国，同时具备企业家与专业人士身份的大数据处理领域专家。在苏战等人的倡导下，该校友会在 2013 年举办的年会就一改普通宴会的形式，转变为讲座形式的创业创新交流会。目前，这类新型精英社团如能融入行业背景与专业性，其管理与各方面活动就更有凝聚力和吸引力；反之，新移民创办的一些名称过泛、地域过广、目标人群不明确的社团由于管理不善，缺乏特色则退出了历史舞台，如《华侨华人社团机构名录》中的“加拿大新起点联盟”网站早已失效，而“美国洛杉矶广州同学会”与“中国大西南旅美华人协会”在 2013 年后均无消息更新，后续乏力。

（二）日益显著的跨国性

龙登高等人的调研结果显示，目前在中国大陆投资的华人企业来源国排序中，美国、加拿大高居前两位。而康荣平 2008 榜的华人跨国公司数量又较 2001 年总计增长了 111%，其中发达国家超过了发展中国家，尤其是美国和加拿大的增长数量正在逐年赶超传统老侨聚居地东南亚。[①] 可见，跨洋在中美、中加之间经营的海鸥型华人企业，在跨国流动中创业与创新的科技企业，联结中国与北美的贸易型华商将不断增多。他们个人及企业成员虽然不能代表所有北美华人专业人士和精英，但是至少代表了一种跨国跨境流动日益频繁并产生良好经济效应的倾向。对于华人专业精英社团来讲，如果有将组织做大做强的抱负，其发展之路也如同上述跨国企业一样，不可能固守于本土封闭的小圈子。诚然，社团成员不可能全部直接参与跨国行动，但是这些活动在国与国之间的开展或为直接，或为间接；[②] 有些有实质性意义，有些则具象征意义。[③] 况且，不少这类精英社团早已将宗旨明确为促进中美、中加乃至亚太地区的合作交流。“中国与全球化智库”对于参与中加民间组织的人员的一项调查显示，频繁往来中加之间是被调查者的共性。他们中 82% 的人每年往返两国 1 ~ 2 次，6% 的人每年往返 3 ~ 5 次，7% 的人每

---

① 龙登高：《北美华人的动态及发展趋势研究》，载国务院侨务办公室政策法规司编《未来 5 - 10 年侨情发展趋势与侨务对策》，2011，第 50、66 页。

② 石沧金：《马来西亚华人社团研究》，中国华侨出版社，2005。

③ 周敏、张国雄：《国际移民与社会发展》，中山大学出版社，2012，第 100 页。

年往返6～8次，4%的人每年往返8次以上，可见参与这类社团的精英们同时也都是名副其实的“海鸥”。[①] 而这样的组织及其参与者就成为两国甚至多国人才、科学技术与管理经验交流与互通的最好渠道。随着中国的国际地位日益提升，人才吸引力日益增强，华侨华人专业社团的跨国性也将更趋明显，交流形式也会更趋多样化。

（三）兼具独立性与纽带性

绝大多数华侨华人专业社团组织不依附于官方，也不具有营利性，属于相对独立的非政府组织（NGO）。尤其是一些带有学术性质和科研性质的机构，即使借助和依托政府的某些资源，主要还是希望在发挥出影响力之后，反过来成为政府所能借助的平台。一些高层次技术移民所掌管的社团组织希望淡化政治色彩，如著名华人精英组织“百人会”就是以无党派、非政治、非营利为组织与创立原则的。而“一九九十学社”创办之时为1990年，创办者希望跨越1989年的政治风波，倡导无意识形态的全人类普适的主题。事实上，这些精英社团一方面独立于政府、企业，另一方面又希望实现祖籍国与居住国的共赢，以更中立的姿态促成合作与交流。一项调研结果显示，70%的海外华侨华人专业人士社团表示曾以与中国社团公益机构合作、参与国内的学术交流、为中国提供专业人才指导以及为中国提供资金、技术和人才等方式进行交流合作。[②] 几乎所有发展较为迅速的自然科学与工程技术类专业社团都与国内研究机构有所对接，同时与“留交会”等大型“引智”项目保持密切联系，已成为中国对外引进高层次人才的“储备库”与“联络站”。对于众多的专业性社团组织来说，其民间组织的独立性质正有助于其触角伸向政、商、科教、文卫等多个领域，也可以逐步发展为像“加拿大中国专业人士协会”（CPAC）一样的综合性大型社团。其灵活的身份恰恰有利于形成中外经济、政治、科技、文化等领域的交融，成为连接居住国与祖籍国之间人员往来与政府间沟通的桥梁。这类组织既不是中国政府的传声筒与附属品，

---

① 王辉耀、苗绿：《海外华侨华人专业人士报告（2014）》，社会科学文献出版社，2014，第110页。

② 王辉耀、苗绿：《海外华侨华人专业人士报告（2014）》，社会科学文献出版社，2014，第91～92页。

也不单纯是所属地域内的少数族裔的联谊会。要长远生存和发展下去，就要注意向新型社团转型中出现的问题，既要融入当地主流社会，又要跨越国境形成与祖籍国的交流，同时还充分发挥自身的长处。

诚然，北美洲一些精英社团在发展中也产生了不少弊端，其中一些社团名头很大，动辄以“国际”“北美”冠名的组织常常是雷声大雨点小，或是因运营不善在若干年后就销声匿迹。那么这类组织要继续生存和发展下去，就要注意转型中出现的问题，既要融入当地主流社会，又要跨越国境形成与祖籍国的对接，同时还充分发挥自身的长处。对于这类组织的领导者来说，需要同时打好整体牌和分散牌，使整体促进个体优秀成员的成长；而对于个体来说，不但依附于主体，更要创新主体，增强社团的活力与凝聚力。

第三节　基数庞大身份灵活的一般技术移民

一　一般技术移民区别于高技术移民的界限

当今西方发达国家和地区针对职业移民大多实施“积分评估制”的管理办法，如加拿大、澳大利亚和英国等。2013 年起，奥巴马在第二任期内也着手对美国移民政策进行了较大的改革。在此次改革中，美国的移民政策更加倾向于科技人才，例如修订职业优先移民条例，取消了对每个国家职业类移民的签证数额限制，并且针对杰出才能或是在美国高校获得科学、技术、工程和数学类学位的人才，以及高技术和才能突出的移民也确定了不受全球配额的限制。此外，采用积分制选拔适合美国市场需求的技术人才，并依照此类人才需求专设优秀移民签证类型（Merit - Based Point System）。由于美国对于技术人才的需求，在非移民签证方面，也增加了 H1 - B 签证的数量，同时为技术水平较低的普通工人和临时技术工人设立了一个非移民类的 W 签证。① 可见，在配额制向积分评估制转换

① Immigration Policy Center, “A Guide to S. 744: Understanding the 2013 Senate Immigration Bill,” July, 2013, http://www.immigration.org/special - reports/guide - s744 - understanding - 2013 senate - immigration - bill.

的过程中，以美国为首的发达国家对高级科技人才的需求刻不容缓，但是同时也兼顾了市场对于一般技术移民以及某些特殊工种低技术工人的需要。

那么，对于高技术移民，各国都有共识，并且在移民政策中往往已经非常清晰地列出了，例如美国的“绿卡”优先颁发给各领域的杰出的领军型人才、能为国家做出重要贡献的特殊人才；还有一类人才类似于加拿大的自雇移民，不需像技术移民一样先找到雇主，也不附加语言、教育方面的条件，只要在人文艺术领域里有特殊才能，知名度高，能自给自足即可。而对于一般技术移民，各国不一定有直接对应的名称，在不同时期，针对不同需求有着不同的准入条件和标准。例如在新加坡，对基本薪酬在 8000 新元以上者（P1 签证），以及拥有新加坡认证的专业资格，月薪在 4500 ~ 8000 新元者（P2 签证）的持有 P 签的基本可以划归为高技术移民；而拥有新加坡认证的专业资格，月薪在 3000 新元以上者（Q1 签证）以及具备中级技能水平且基本月薪至少达 2000 新元者（S 签证）应算作一般技术移民。

如果说以新加坡为代表的国家对于高技术移民和一般技术移民的划分主要是基于薪酬标准，那么在广袤的北美，由于各区域经济发展及人才需求水平各异，严格意义上没有一般技术移民的提法，也不可能人为地将其标准“一刀切”，只能从受教育水平、职业或专业资格水平、薪酬标准等综合评判。总体来讲，在北美地区除却杰出人才、特殊人才及拥有硕士及以上学历的优秀人才（含“国家利益豁免”移民），其余具备本科学历的专业人才、技能型人才都可以算作一般技术移民。以加拿大为例，加拿大当前的联邦经济类（职业）移民主要含以下四大类：联邦技术移民计划（Federal Skilled Worker Program，即 FSWP）、联邦熟练工人计划（Federal Skilled Trades Program，即 FSTP）、加拿大经验类移民计划（Canadian Experience Class，即 CEC）及“省提名”移民计划（Provincial Nominee Program，即 PNP）。这四类职业移民均涵盖了一般技术移民，部分地区的部分职业类型虽以高技术移民为优先考虑，但大量接受一般技术移民。在 2014 年，加拿大联邦移民部不但将技术移民的配额基于 2013 年增加了 5 倍多，还将职业类别从 24 个增至 50 个，例如早期儿童教育及助理人员、投资中介及物业行政人员等职业类别申请上限从300个上升至1000个，联邦熟练工人计划也增加到5000个。[①] 因此，2014年加拿大技术移民的门槛从高端回落到中高端，一般技术移民将大显身手，同时加拿大还启动了经济类移民“特快入境”方案，不能不说是其根据人力资源供需市场做出的及时调整。此外应当指出的是，部分通过加拿大联邦技术移民列表上的某些低学历要求的特殊工种而顺利申请的移民，还有通过“劳工证”到达美国的低技术工人，如果在工作工程中得到了技术的提升和外语的学习，其综合技能足以达到或超越申请技术移民的资格，那么这类人也应当算作一般技术移民大类。

二　基于案例的北美一般技术移民分析

由此，在北美和其他发达国家的华人专业技术移民事实上是一个虽然边界不甚清晰，但是规模庞大的群体，他们的身份既模糊又灵活。说其模糊主要是因为这些掌握了一般专业水平的专业技术人员很可能大多数不是依靠技术移民的渠道来成功申请移民种类的——一个一般技术移民很可能又同时是投资移民、亲属移民或者留学生移民，而其所具备的学历、职业资格、薪酬标准等仅仅属于附加条件；而认为其灵活则是因为他们谋生大多不是仅仅依靠专业技术和学历，如社会网络等则更容易发挥其生存优势。由此可见，一般技术移民的基数虽然难有确切的数字，但应该是十分庞大的，至少在绝对人数上应多于高技术移民。无独有偶，华人一般技术移民的跨境流动也十分普遍，这与其灵活的身份特征直接相关。

M先生案例：中国—加拿大—中国

时年26岁的M先生高中时期举家移民加拿大，其父为投资移民，他则为亲属移民，这种情况在他的家乡广东是屡见不鲜的。到加拿大上了一年大学预科班后，M顺利进入加拿大一所高校就读经贸类专业，据其所述，该高校属于“普通档次的大学，大众化的商科，没有优势”。由于毕业后加拿大就业市场不甚景气，加上其所学专业也远不如理工科专业那么容易求职，而其家族在家乡根基深厚，人脉广，M决定先回国发展一

① 加拿大家园网，http://www.canadameet.cn/32/18610.html，2014年6月14日。

段时间。M回国后，并没有动用父母的资产，而是使用其在加拿大半工半读时积累的一部分资金，联合老同学合伙从小型进出口贸易公司做起。起初，M先生的生意主要是将海外的优质货品发到国内进行销售，由于当时开发的客源主要是附近居民小区的住户，M先生仅主营婴童奶粉等用品。逐渐积累了客源和第一桶金后，M先生接手了家族的部分玉器生意，主要将翡翠等宝石推介给北美华人，并在家乡积累了部分的高端客源。出于加拿大情结，M先生公司的命名中带有“加华”二字，意为加拿大华人，但是他更坦言，中国有着偌大的市场，而家乡有着丰富的资源。国内的资源，不仅仅是物质资源，更是人脉聚集的地方。虽然拥有加拿大公民身份，他今后也许会常驻国内。

（访谈时间：2012年9月20日、2013年2月1日、2014年5月14日，访谈对象：M先生本人、同学，访谈形式：面谈）

这个案例中，M先生不是一位典型的一般技术移民，其申请移民的种类为亲属移民。严格意义上说，在北美，这属于一个有高等教育经历、语言过关，但实际欠缺专业技术资格与正式本地工作经验的普通大学毕业生。如前所述，本书将这类人群也放置到一般技术移民中来考量，更准确地说，他们属于一般专业技术人才，与高层次人才肯定是有所区别的。与狭义的一般技术移民相同，他同样取得了合法移民资格，并且能够在大学毕业后自食其力，其语言与沟通能力也能帮助他较好地融入社会。但是在加拿大社会取得稳定且高薪工作颇有难度的现实下，从一个经商家族走出来的M先生对于文凭、专业等看得并不是很重，他认为当前抓住市场中的机遇，找寻利益基础才是实现自身价值的最好途径。因为总体处于起步阶段，M先生的经营规模并不算大，但是他还是很满意自己灵活的身份、贸易专业背景以及家族社会网络对于事业的帮助。对于他来说，加拿大经历更多的是一种生活方式的体验，英语的熟练对他来说是贸易活动中的一块敲门砖。随着经营时间的日积月累，实际上M先生也不需要亲自做报关、收发电子商函等和贸易专业直接相关的事务，他更多的精力花在了对市场，尤其是对细分市场的顾

客考察以及经营人脉等事情上。从某种角度上来说，大多数一般技术移民所掌握的专业知识与技能不足以帮助他们在竞争严苛的海外社会里求得一份心满意足、报酬优厚的工作；但拥有的通用技能和素质使得他们更容易往其他领域发展，他们自身具备的条件使他们的跨境活动产生一些变数，或者不一定达到预想的结果，但也同时显现其身份转换与融合的灵活性。

对于一般技术移民身份的灵活性及其在商业活动中的卓越贡献，如将其个体与群体置于移民网络中解释，会发现他们成功的关键既有别于新移民中技术移民及高层次人才的单打独斗，也有别于老一辈移民沿用的传统华人关系网。赵永亮等人运用数据分析认为这与移民网络的偏好效应、成本克服效应、作用方向等均有所关联。移民网络的偏好效应是大量移民存在的对祖（籍）国产品的偏好，而一些移民则认识到母国与移居国的贸易机会，尤其是产品差异、移民的偏好及消费差异、汇率差异可以促进双方的贸易。一部分移民群体则从偏好效应中找到商机，将产品出口到他们的祖籍国，与常规的货物贸易方向相反。同时，他们的贸易活动体现了成本克服。移民通过各自的关系网（亦可称之为知识桥梁），增加了潜在贸易机会与贸易联系，双方的贸易交易成本必定会减少。跨国移入代表着对国际网络的吸收，原因是直接的；而移民移出在规模上较小，大量的本国移民间接和海外移出居民的接触才建立起贸易合作关系。此外，在移民网络的作用方向上，一般技术移民日益庞大的群体充分证明了他们所受的教育、信息化程度，会给予这个群体新颖的思想和观点，而这些知识必然有助于降低交易成本。随着中国对外开放程度的提高，各类物流手段的便捷，以一般技术移民为主力的移民商业活动正在从移民潜在规模、语言相似度、资本边际收益、相对价格和距离等方面影响进出口的规模，并与进出口贸易量呈正相关或负相关关系。[①]

三　传统认知之外的一般技术移民类型——“蓝领移民”

与此同时，我们还不能忽视另外一类的一般技术移民，他们可

① 《海外华侨网络、商会与贸易发展》，载国务院侨办侨务理论研究广东基地、广东侨务理论研究中心《华侨华人与广东发展：广东省侨务理论研究论文集（2012－2013）》，暨南大学出版社，2014，第197～198页。

能甚至不具备本科学历，但是他们很可能仅限于某些特定行业，从事技术工种或者半技术工种，属于紧缺的技能应用型人才。如上所述，此前护士、电工、木工、厨师等都曾出现在加拿大的技术移民职业列表中。在西方发达国家和地区，尤其是北美，常常出现技术工人供不应求的情形。2005 年山东某地千余名青年陆续前往澳大利亚做电焊工，其中半数获得绿卡，收入颇丰。在美国得州，一对大学教授父母培养出了一个职业学校毕业的高级电焊工儿子，拥有 14 万美元的年薪，父母颇为骄傲。在 21 世纪初，“保姆荒”和“护士荒”使得大批外语水平一般的华人涌进了加拿大，这些人通过雇主担保的形式就业，一般在 2 年后就取得移民身份。今天的加拿大，也长期面临对于技工的大量需求，以安大略省为例，在未来 10 年，技工短缺逾 36 万人，[①] 但是大多数年轻人又不愿意从事此类工作。对于外语能力偏弱、技术技能水平较高的一部分华人来说，这不失为这类“蓝领移民”海外淘金的一种尝试。关于“蓝领移民”这一说法，形成于 2013 年左右，王辉耀等人认为是技术移民概念的一种延伸，认为他们多是具有专业知识和技能、被广泛或急切需要的人才，这类人才的出现体现了世界技术移民层次的多元化。[②]

当今国际社会的竞争，既是科学与技术的竞争，也是人才的竞争。而人才的竞争不仅仅需要理论型、研发型的高级人才，也同样需要能够适应产业发展的技术技能型人才。在以美国为首的西方国家在全世界范围内争夺人才的无硝烟之战打响之际，对于青年技能人才的争夺必然是一块非常重要的阵地。当今中国重视职业教育的成果曾经使得我国初级人才和中级人才竞争力在国际排名中提升。而近年来又有所下滑，整体实力仍偏弱[③]的原因则不言而喻——日益老龄化的西方社会不但在加紧培养自己的职业技能人才，还在不遗余力地向中国等青壮年相对充足的国家和地区挖掘这类人才。也许今后可以预见的是，华人一般技术移民将不再是以那些拥有本科

① 《加技工短缺利好蓝领移民　入职年薪高达 5 万加元》，网页教育频道，http://edu.163.com/14/1209/10/AD12FMRD00294III.html，2014 年 12 月 9 日。

② 王辉耀、刘国福：《中国国际移民报告（2014）》，社会科学文献出版社，2014，第 28 页。

③ 倪鹏飞、潘晨光：《人才国际竞争力——探寻中国的方位》，社会科学文献出版社，2010，第 139～141 页。

或以上学历、外语应试能力较好的一般专业人士为主流；而能从事特殊行业、专业技术能力超群、外语水平尚可的高职和中职毕业生也许将会成为一般技术移民中越来越具潜力的耀眼新星。

第四节　1.5代新移民——华侨华人专业人士延续辉煌的生力军

1.5代移民（又称1.5 generation、1.5G或者一代半移民），指幼年时期从母国移入其他国家的人群，而对于移入年龄并没有严格的限制，有研究者将其划定为13岁，但多指成年之前，因此青少年时期移民的也应算入1.5代移民之列。1.5代移民更多的是相对于第二代、第三代移民来区分的，第二代、第三代移民在海外出生，全盘接收居住国的系统教育，更全面地接受所在国的主流社会价值观。而1.5代移民往往在母国不同程度地接受了教育，并基本接触了母语，不同程度地保留了对于母国文化、传统及思维方式的追随，虽然在不同个体身上来源国特征的表现程度各异，但由于比他们的父母一辈接受能力强，通常都能运用两种语言，在融入当地文化和社会方面也比成年移民要容易。20世纪80年代以来的华人新移民大规模前往北美地区，也造就了1.5代华人新移民群体的壮大，当前这一代人俨然已成长为社会栋梁。根据姬虹的研究，目前美国1.5代移民的平均年龄是23.4岁，[①] 那么今后20年这批新移民势必会在国际舞台上大有作为。将北美1.5代华人作为专业人士，以及新移民外延的一个类型来研究，因为他们逐渐显现出比较鲜明的特点，并且是跨国主义的典型践行者。

此处讨论的1.5代新移民既不同于老侨的“买纸仔”，即“证书儿子”（paper sons）[②]，又不同于那些在北美出生的“香蕉人”或者“竹升”[③]，更不同于在人生观和价值观基本形成后才去北美

① 姬虹：《美国新移民研究（1965年至今）》，知识产权出版社，2008，第127页。

② 20世纪初美国排华法案使得华人入境美国困难，一些人为赴美就向美国移民局谎报自己是美国华侨在中国的儿子，以假冒方式获得合法签证。

③ 粤语中对于西方国家出生的华人子女的统称，认为他们就像竹筒一样两头不通，因为他们中的大多数对中华文化欠缺了解，而对于西方人来说却永远是东方面孔，打入主流社会困难。

的那部分年轻的新移民。1.5代华人的特殊之处在于他们在黄金的学习年龄或多或少地接触的是双语的导入，他们父母一代的素质也决定了他们后来的受教育程度与社会阶层都是较高的。由于自身具备良好的条件，1.5代华人成年后对于跨国行为的选择往往都符合国际公民的标准，无论是转往第三国还是融入人才环流的大潮，又或是往其他国家做短暂或永久的停留，都更具主动性和灵活性。

一　北美1.5代华人新移民的跨国优势与劣势

（一）明显的竞争优势

1. 具有较强的语言能力与工作能力

不少第一代移民即使接受了北美的高等教育，考过了托福、雅思等英语水平考试，语言水平仍然是进入社会的短板。而北美1.5代新移民在年幼或青少年时期达到居住国，对于英语的熟练应用程度基本与本土出生的人士差别不大。学校的学习，尤其是受海外高等教育的经历，与西方人更多的社会接触使得他们在受雇时完全能胜任工作要求。与父母一代相比，1.5代新移民在回到母国或前往他国工作时，只要受雇于跨国公司，或者从事国际贸易等其他跨境活动，对国际第一通用语言——英语的掌握对他们来说可谓游刃有余。与大多数第二代、第三代移民相比，1.5代华人新移民从小在母国接受母语教育，即使部分人读写困难，听说大多过关。同时，北美1.5代新移民多能熟练使用普通话，而老移民和他们的第二代、第三代却大多只能使用粤闽等地方言。因此，回到大中华区域发展就成为他们的天然优势，而一些外资机构也往往喜欢聘用有华人背景、中文交流无障碍且英文过硬的人士负责有关中国的项目。

由于语言过硬、社会适应能力较强、承袭华人尚文重教的传统，如前所述，1.5代华人所接受的教育与所从事的行业在北美社会中属于个中翘楚。根据美国2008年的一项社区普查，美国普通人年均收入为67132美元，而华裔1.5代新移民年均收入达到69021美元。[①] 今天的1.5代新移民除了投身计算机等理工科

① 顾文同：《1.5代移民实现美国梦》，《中国妇女：英文月刊》2012年第1期，第56~57页。

行业，还有更多的人涉足政治、经济、管理、教育及非营利性公益事业。

2. 具有较强的文化包容性与国际视野

姬虹研究认为，1965年后的北美移民同化变成了多向分层式的：一部分循着前人足迹，逐步涵化（acculturation），最终同化（assimilation）进入主流社会；另一部分人则走了相反的道路，陷入了永久的贫困，同化进了底层阶级（underclass）；第三种人是迅速取得了经济上的进步，在经济上同化进主流社会，但涵化缓慢，保留了族裔集团的价值观念、族裔社区的凝聚力等，是一种“有选择的同化”（Selective assimilation）。[①] 对于大多数1.5代华人新移民而言，少年时期最基本的文化与价值观已经形成，他们中成为第三种人的比例较高。虽然不断接受西方世界观与价值观，包括一些处世的基本行为方式，华裔家庭传统的强烈影响、华人社会紧密的纽带使得1.5代新移民在逐步接受西方观念之时在心底为中华传统理念留守一席之地。

正是这种记忆深处的迁徙、适应与吸收造就了1.5代新移民更加复杂也更加独特的文化观、价值观，而这种经历影响下的视野也是更加开阔与包容的，更加国际化。这种心态更符合国际公民的特质——包容，兼收并蓄，在多元文化的影响下积极成长。因此，这类人群能够更自如地适应国际交流与合作，有成功进行跨国活动的优势。1.5代华人在工作中能显现比较强的大局观与团队精神，在处事上比100%西方背景的人士更加稳健、谨慎，懂得精打细算，是企业不可多得的管理人才。一些1.5代华人移民在作为团队领导人时，处事也比较圆融中庸，有善于平衡各方面关系的优秀特质，跨文化能力使他们容易成为商业竞争中的佼佼者。

（二）竞争中的劣势

1. 残酷的自我身份认同拷问

在跨国主义世界里，年轻的移民往往容易放弃族裔身份，然而，社会接纳还要取决于所在国度的社会发展状况。第一代移民的种族身份和特征是较容易辨识的，华人新移民的形象虽然早已脱胎于苦力与掮客，然而1.5代华人与他们父母在来到海外之初首先遇

① 姬虹：《美国新移民研究（1965年至今）》，知识产权出版社，2008，第129页。

到的就是一系列水土不服的适应问题。较之土生土长的海外华人，1.5 代新移民不但要克服语言关，更要经历身份认同的艰辛历程。北美多元的社会文化看似包容，但是主流社会对于华裔根深蒂固的偏见是长期存在的。主流媒体还长期充斥着对于中国的负面报道，抹黑华裔的报道也时常见到。尤其在中美、中加关系出现问题时，华裔就会被主流社会当作替罪羊，其忠诚度就会屡遭质疑。1.5 代华人新移民到达海外之时刚好是他们世界观、价值观成长变化的阶段，他们一方面已经被打下了“中国人”的烙印，或多或少地熟悉了华人社会的种种规则与评判尺度，但另一方面要迅速融入西方社会又不得不考虑身份转换的问题。因此，在自我身份认同上，他们比第二代、第三代华人在遭遇这一问题时的心境更加矛盾，更加挣扎。同时，也有为数不少的 1.5 代华裔在青少年时代对于父母一辈秉持的严厉的传统教育方式非常抵触，在某种程度上，他们的抗争和叛逆并非懒惰，而是对于族裔传统的一种挣脱，是对于主流社会价值观的拥抱。但是在成年之后，1.5 代新移民树立了经济地位，却大多更容易适应这种矛盾，不再采取强烈排斥的态度，而加入“有选择的同化”行列。

2.“玻璃天花板”的瓶颈之难

1.5 代移民在华裔移民中的成功是有目共睹的，如美国前劳工部长赵小兰、YouTube 创始人之一的陈士骏等都是其中的优秀代表。尽管如此，根据上文所提及的美国 2008 年社区普查数据，华裔 1.5 代新移民年均收入达到 69021 美元，高于普通美国人年均水平，却仍然低于非西班牙裔美国人的年均收入（82493 美元）。在计算机这一华人精英大显身手的领域，差距依然明显：1.5 代华人移民的年均收入为 78030 美元，而非西班牙裔美国人在这个数据上则达 86115 美元。[①] 根据加拿大郭世宝博士的研究，新移民求职遭遇“三重玻璃门效应”，如果说“玻璃院门”和“玻璃房门”基本只是第一代移民的就业障碍，对 1.5 代新移民不再是问题，那他们的发展中仍存在看似透明实则难以逾越的“玻璃天花板”，即尽管

① 顾文同：《1.5 代移民实现美国梦》，《中国妇女：英文月刊》2012 年第 1 期，第 56～57 页。

具备相当的学历、语言能力与工作经验，华人面孔使得他们与白人同事胜任同样的工作，但在加薪、升职方面却时有碰壁，遭受歧视。因而在某种程度上，华人在西方人主导的游戏规则之下产生了种种无奈，这也是驱使1.5代华人新移民跨国就业，找寻新的工作机会，实现更高的价值的原因之一。

Y女士案例：中国—加拿大—中国

Y女士5岁时与母亲一起赴加拿大与先前申请技术移民的父亲团聚，一直在多伦多附近的卫星城居住。不同于当前多伦多及其他地区华人聚居区有学习华文的组织和氛围，Y长大的过程中几乎没有其他同龄的华人朋友，所以直到大学阶段，很自然地与其他各种背景的华人同学仅使用英语沟通。在家里，Y只和英语水平不高的母亲用中文交流，和父亲大多数时候使用英语交流。25年后，Y女士到北京工作，原因是她取得了一个盼望已久的工作机会——NBA总部驻中国办事处的中层管理职位。Y此前在北美从事资产管理工作，薪酬较为优厚，但是她一直热爱体育，每周坚持篮球运动，从事体育产业也一直是她的夙愿。在赴中国工作前，NBA公司给Y女士专门聘请中文老师补习汉语读写能力，但是Y女士的工作语言始终是英语，因为她的上司都是西方人。在和中国下属谈及一般性的话题时，Y用自己所掌握的通铺话即可，一旦中文涉及工作术语，她仅能听懂不到五成。在提及自己的优势时，Y坦言她的华人面孔以及她会说中文的特质的确是NBA公司选择她到北京的重要原因，但她同时认为，自己挚爱篮球运动以及优异的北美工作经历也非常重要，以上三种因素缺一不可。而谈到自己的劣势，Y觉得短板仍在于中文读写能力的缺失。至于她对故乡的印象，Y坦言有些不尽人意的情况，她可以理解但还需要适应。比如人流拥挤、秩序混乱，以及空气与环境质量差等问题，但是今后如果有合适的机缘不排除会考虑留在北京或中国其他地方。在认同感方面，Y女士较为明显地将自己归为思维和价值观上的西方人，在其成长中也曾经为少数族裔的身份而困惑过，并且她和其他大多数华人一样拥有一个“过度保护”以及非常传统的母亲（这位母亲在和笔者的事先联系中还再三叮嘱不要直接问及其女婚恋等问题，她今后自会告诉笔者），使得认同中的矛盾与困惑或多或少地被激化过。但是对于中国文化，她一直不排斥，并且随着年龄的增长，她也十分愿意去了解和学习。访谈结束5个月后，Y女士参加了CCTV5的互动节目，担任NBA球星的中文翻译并用中文对赛事进行点评，可见其工作与中文应用能力都渐入佳境。

（访谈时间：2015年1月7日、2015年2月25日，访谈对象：Y女士本人，访谈形式：电话访谈）

二　关注1.5代新移民发展，营造跨国人才流动的优良环境

（一）加强对于华文教育的指导

对于1.5代华人新移民青少年，华文教育可能是最为积极和直接的影响方式。与对外汉语教学不同，华文教育在北美这种多元文化、多种族共存的社会中，是一种华人代代保持族裔语言与文字，传承并发扬中华文化的特有方式。随着北美华人群体的不断扩张，北美多地政府已经批准少数族裔青少年应参与“双语教学”，1.5代，以及第二代、第三代华人移民在母语学习方面尚有很大的提升空间。1.5代新移民作为母语基础比较好的群体，熟悉普通话，口头表达流利，甚至已经接受过一些母语的读写训练，他们在海外继续系统学习母语，今后甚至可以胜任书面的中文应用工作。由此可见，海外华文教育不仅仅是新老移民自身的责任，也是侨务部门应当加大力度关注的工作，对北美这一华文教育方兴未艾的地区应继续给予人力、财力和智力方面的支持，对师资进行有效培训，对教材编纂进行指导，并定期选派优秀教师和学员提供赴中国大陆学习的机会。

（二）营造华人青年跨国回流与环流的良好环境

今天，当人才回流与人才环流已经成为世界趋势，我国经济建设与社会发展亟须引进海外高层次各行业人才，不仅仅是留学归国人员应当进入侨务部门和用人机构的视野，对1.5代华人新移民，第二代、第三代华人移民以及一切有志参与祖籍国建设的华裔专业人士都应当更加重视。根据不同渠道得到的海外归国人员创业与发展成功的样本发现，这些人士回国创业的平均年龄是35岁，因此

30 多岁是他们创业的黄金期，而其中有 64% 的人员来自北美地区，[①] 这个数据与 1.5 代华人新移民的年龄层基本吻合。为此，对于他们在中国大陆的就业及创业，应当在原有的基础上加强以下方面的建设。

首先，亟须完善的是人才引进的机制。对于海外人员归国发展须加快配套服务。除了为他们提供更宽松的创业、就业环境外，人员的接待、信息咨询、政策落实、工作协调、身份及学位认定、子女入学等方面要提供“一站式”服务，使 1.5 代新移民及其他跨国发展的华裔更加容易适应环境，乐于在祖（籍）国的热土上发挥自己的能力，要尽量防止重引进、轻利用的现象出现。其次，要拓展各种层次的人才引进平台。近年来，广州“留交会”以及武汉“华创会”等已成为吸引海外高科技、高学历人才的大平台，同时，各地的留学人员创业园、科学城、孵化中心等相继成立。但是，由于时间限制，一些洽谈会、交流会流于形式，参会人员的数量极其有限，一些为会议联络而设的联系人和联系组织有时仅仅是临时联络处，而缺乏后续性。而一些看似有建设性的项目也因为种种原因，如资金、人员无法兑现而最终流产。此外，招贤的方向往往还存在经济发达地区热、西部冷，应用科技热、人文社科领域冷的现象。我们的眼光固然要盯紧已经在业内崭露头角的领军人物，但也要关注具有潜力的青年才俊。对于那些希望前往中西部发展的 1.5 代年轻海归，有关部门应当给予足够的支持。如耶鲁大学毕业生秦玥飞赴湖南省衡山县贺家山村担任村干部，在公共服务领域中正实现着自己的梦想，正是一个很好的案例。

综上，代际研究是人类学与社会学研究中的一个重要方法，将其和华侨华人与国际移民研究相结合，就不仅仅是将华人新移民的动态发展置于家庭小单元中，也不止局限于海外华人社会，而是将 1.5 代新移民的活动置于国际人才流动的大环境中，与全球化的趋势相契合，从而了解并跟踪这一特殊而又富有竞争力的人群今后的发展方向。

---

① 王辉耀：《当代海归与中国发展》，转引自李其荣、谭天星《海外人才与中国发展研究》，中国华侨出版社，2008，第 11 ~ 12 页。

小 结

人才环流的大潮下，频繁往来于太平洋两岸甚至世界各地的“海鸥”人士、高技术移民及其所属社团、群体庞大且身份灵活的一般技术移民以及1.5代华人新移民都是北美新一代海外华人专业人士中有代表性的佼佼者。值得注意的是，无论是传统意义上高学历、高知识水平的精英还是对移民网络与各类资本运用得游刃有余的华商，甚至是那些拥有一技之长的“蓝领移民”，他们移民、再移民、回流或环流的动机都不是谋生存，而是求发展。把握这些专业人士群体发展的新动向，对于他们跨国行为的深入调研将丰富外海华人研究的领域，对于侨务工作的新方向提供一些更有针对性的建议，对于我国今后的人才发展战略也有一定参考价值，值得相关研究者持续关注和调研。

第三章

北美华侨华人专业人士活动的新趋势——跨境行为

近半个世纪里，北美华人移民不再是背井离乡无依无靠，与原籍地的阻隔也不再是千里之外的音讯寥寥，他们与祖籍国，甚至与其他华人遍布的国家与地区都有着更加密切的往来。华侨华人专业人士愈加频繁的跨国、跨境行为使他们成为跨国主义的典型诠释者与实践者。这些行为也不再仅仅是传统的侨汇，更深入了政治、经济、社会文化和宗教等多个层面。而以下更多讨论的则是新华侨华人尤其是专业人士群体所依托的跨境行为载体，以及近年来产生的一些新的跨境形式及其特点，并对影响他们跨境行为的成因进行分析。

第一节　北美华侨华人专业人士跨境行为的载体

传统华人社会的三大支柱即华人社团、华文教育和华文媒体正在不断以新的形式焕发出自身的活力。新移民在其中起到的作用无疑是巨大的，而其中活跃的专业人士群体这一崭新的力量正在以全新的方式渗透到传统华人社会的方方面面。所谓“全新”不仅仅是参与和管理手段的现代化，尤为值得关注的是，他们以超越一城一地的前所未有的跨国视野与跨国精神影响着华人小至个体家庭，大至族裔团体的生活。

一　华人社团老树发新枝

周敏等人在对美国 55 个知名华人社团组织访谈后认为，大约

2/3 的社团具有跨境（国）的特征，与家乡各级政府保持联系，甚至有些新社团就是为了跨境而建立的。社团所有成员不可能全部直接产生跨境行为，但是其组织的跨境活动所产生的影响有些有实质性意义，有些则有象征意义，[①] 既有直接互动，也有间接互动。[②] 目前，华人社团在跨境活动中逐渐产生了以下变化。

（一）在种类上，华人社团衍生出了许多超越本土的新类型

中华民族重视“五缘”，即亲缘、地缘、神缘、业缘和物缘，早期能联系起背井离乡的华人之间最直接的纽带就是亲缘和地缘关系，因此华人社会在很长的一段时间里，宗亲会和同乡会占据非常重要的地位。20 世纪，传统华人社会又产生了另外一些社团类型，如：综合性团体（会馆、公所等）、华裔团体（如华裔公民会、金州土生子会）、文化社团、商会、慈善福利社团、政治团体、职业团体等。而新移民的到来使得一些以社会背景和行业背景为基础的业缘、学缘、神缘社团逐渐增多。

具体来讲，科技与经济领域的专业社团近年来发展得尤其迅猛，其发展不但体现在数量上，也体现在质量和规模上。例如美国的华人华侨专业人士主要聚集于西部加州硅谷地区，东部大华埠地区（弗吉尼亚州、马里兰州）及纽约地区（新泽西州、宾夕法尼亚州），南部休斯敦地区及西雅图、洛杉矶、芝加哥等新移民专业人士较为集中的地区。[③] 并且以这些地区的代表性产业为业缘聚合点，很多高规格的专业性组织不断壮大，密切促进了中美两国在科学技术、金融商贸及文化教育等领域的合作。如硅谷附近的专业团体多与信息科技产业相关，马里兰州是生物与医学专业社团的集聚地，纽约地区则有活跃的华人金融业团体。而加拿大的中国专业人士协会基于会员的专业背景分为艺术、商业、工程学、金融与投资、IT、医学与药剂学以及科学 7 个分会，通过参与政府组训、社交文化活动及社区服务，在加拿大多元社会和与中国的交流中扮演了重要角色。

校友会的发展也是近年来北美华人社会的一大亮点。北美的华

① 周敏、张国雄：《国际移民与社会发展》，中山大学出版社，2012，第 100 页。

② 石沧金：《马来西亚华人社团研究》，中国华侨出版社，2005。

③ 高伟浓：《软实力视野下的海外华人资源》，马来西亚：学林书局，2010，第 91 页。

人校友会有两种形式：一种是以大陆、港台以及其他来源国为基础的大专院校，甚至以中学母校为基础创立，如南加州北京大学校友会等。这一类校友会同时强调地缘与学缘，与原籍地的天然联系更加密切；另一种则是以北美大专院校为基础创立，如哥伦比亚大学中国学生学者联谊会，这类校友会更加强调学缘与业缘，往往专业性更强。总体来说，二者的主要成员大多已经融入了主流社会，在居住分散的情况下，希望通过国际网络建立起以华人为主的社会组织，一方面有利于丰富当地华人的文化生活，另一方面从学习经历与知识构建的新角度对传统华人社团进行了补充。

近年来，以佛教徒与基督教徒为代表的神缘社团也在成长之中。其中一些与华人文化圈流行的传统宗教有直接的信仰联系，常因法会、布施、义卖、赈灾等活动与祖籍国产生联系。而新移民对基督教、新教的接受程度也很高，根据《华盛顿邮报》的报道，美国华人教会已从半个世纪前的 66 所增至 21 世纪初的 1000 余所。当今，无论参与的是以哪种华人为主的宗教团体，不断加入的移民成员和原有成员与中国社会始终保持较为密切的跨国界互动，一方面拥有了融入当地社会的介质，另一方面也有利于移民后裔保留文化信仰传统。①

（二）在功能上，华人社团在跨境行为中显现出前所未有的综合性与专业性

一是传统的侨汇与捐赠等传统跨境活动生生不息。无论是传统的同乡会，还是变革中的校友会、新兴的专业人士团体等一直是北美华人移民跨境捐资的主要组织形式。这些团体每每在祖（籍）国和家乡遭受自然灾害之际慷慨解囊，倾力捐助。同时，华侨华人的资金不仅仅通过个人行为进行跨国流动，也常常通过社团组织进行捐资，以支持家乡的公益事业。在许多侨乡，例如广东的五邑地区，华人社团在教育、医疗卫生、基础设施建设及社会慈善事业方面出资甚巨，而五邑大学正是北美华侨与世界各地侨胞一起集资兴建的。此外，改革开放以后，许多北美华人社团携带资金与技术投身于投资祖（籍）国经济建设的大潮中，而且很多华商会或其他组

① 岳志强、王邵励：《杨风岗的美国华人宗教研究述评》，《华侨华人历史研究》2008 年第 2 期，第 72 ~ 79 页。

织也已超越家乡的界限，在家乡以外的祖（籍）国其他地方寻找商机，以及与当地资源对接的契合产业，投资兴业，以更长远的眼光关照祖（籍）国经济的发展。

二是综合性团体在国与国之间关系中发挥着愈发重要的作用。华人团体在近 30 年内，逐渐产生由分散走向融合的趋势。美国和加拿大的很多华人社团都具备了联合的性质，在各地设有分部。这些社团一方面服务当地华人，加强个体间联系；另一方面由于丰富的社会网络以及跨国网络，有足够的实力代表整合的华人族群，以协调华人与其他族裔之间的关系，并在所在国政府与中国政府之间开展一种跨国的良性互动。在这些大型综合性社团的推动下，当今西方世界也看到了中国与华人的正面形象。在这些组织穿针引线的过程中，中国政府得以开展积极的公共外交，施展软实力，不得不说新型综合性华人社团已成为推动中国统一的重要力量。当今唐人街，五星红旗取代青天白日旗的现象除了祖籍国不断强大的原因外，华人社团的作用也不可小觑。

三是专业性团体在专业、科技、人才交流方面的巨大推动力。专业性社团是近年来北美华人社会的一大特色。相较于传统社团与商会，北美专业人士社团更加注重专业科技和人才的交流。这类组织除了加强海外某些领域专业人士之间的联系外，还定期举办活动、出版协会刊物、举办跨境学术会议，更致力于对祖（籍）国大陆的智力支持与人才协作，组织项目攻关。“中国与全球化智库”在对海外华侨华人专业人士社团进行的调研中，发现社团核心成员的学历为博士研究生者高达 76%（见表 3－1），这意味着我国开展海外人才引进工作时应充分发挥这类团体的“资源库”和“联络站”的作用，从而促成跨国合作项目，加速人才国际化步伐。

表 3－1　海外华侨华人专业人士社团核心成员最高学历调查

单位：%

学历	占比	学历	占比
本科	9	博士研究生	76
硕士研究生	11	其他	4

资料来源：王辉耀、苗绿：《海外华侨华人专业人士报告（2014）》，社会科学文献出版社，2014，第 69 页。

二 华文媒体传播“中华好声音”

北美地区是与东南亚和欧洲并驾齐驱的三大华文媒体中心之一，其华文媒体的发展一直广受华侨华人关注。在美国，华文报业发展已有相当的深度，由台湾联合报业集团在1976年创办的《世界日报》、更早期于美国设立办事处的香港星岛新闻报业集团旗下的《星岛日报》（美洲版）、1990年创办于纽约的《中国日报》以及大陆新移民背景的后起之秀《侨报》占据了美国的主要中文读者市场。传统的三大电视网络为亚美电视、中华电视和北美卫视，近10年来，凤凰卫视美洲台的受众数量也在不断增加。互联网时代，大多数北美华文媒体都能够紧贴时代，大型纸质媒体如《世界日报》《侨报》等都设立了自己的网站。美国第一份中文电子新闻周刊为“美龙网”，[①] 其后《布法罗人》《未名》等优秀电子刊不断涌现。而在中国大陆也广受欢迎的雅虎网、新浪网长期以来由于创始人本为美籍华人，也一直是美国华人所推崇的网络媒体。在加拿大，由于该国地域广阔，为适应不同地区华人的不同需要，《明报》、《星岛日报》和《环球华报》在加拿大都分别设置了“加东版”和“加西版”。此外，《加中时报》《大华商报》《星星生活周报》等也是发行量较大的华文报纸。加拿大中文电台、新时代电视、汇声广播华侨之声是加拿大影响力较大的、24小时不间断、使用多种语言的广播电视媒体。网络媒体《窗口》《联谊通讯》《枫华园》等也紧随美国网络媒体步伐，毫不逊色。

应当说，华文媒体也如同华人社团一样，本身是基于为当地华人服务的宗旨而创办的，无疑是华人的喉舌与传声筒。而同时，媒体传播资讯的最基本功能使得其容易冲破国境的阻隔。而在全球化时代和网络时代，媒体先天对于信息敏锐的触觉就更容易开展跨境与跨国的传播。在北美华文媒体涉及的跨境行为中，以下几点新动向值得关注。

首先，华文媒体对于中国问题的解读是值得西方主流媒体倾听的另一种声音。北美主流华文媒体对于中国发生的事件一般采取及

① 周敏：《美国华人社会的变迁》，郭南译，上海三联书店，2006，第158～159页。

时报道的方式，并力求为当地华人呈现真实理性的资讯。因为长期以来，西方媒体对中国发展的戒心较重，屡现疑虑与紧张。近年来不少华文媒体承担起正面宣传中国形象、以中华文化消解“中国威胁论”的责任，他们传播的是“中国好声音”与“中国正能量”。例如《中国新闻周刊》英文版曾经免费赠送给美国国会议员。这些社会关系丰富、能够左右中美关系政策的议员们并非都怀有仇视中国的心理，但他们中的大部分人很可能对于中国国情、中国风俗文化仅仅是一知半解，缺乏更多认知的渠道。当然，能担此大任的媒体首先需具有公信力，具备公信力的华文媒体带着使命感传播中国的正面信息，对于西方主流世界认识中国、了解中国无疑会起到有益的作用；而没有公信力的报道不但不能让西方人士信服，连华文读者、华文受众都半信半疑。①

其次，华文媒体通过跨境活动产生了媒体平台全方位的整合。从北美华人媒体发展的历程来看，单打独斗的小型媒体发展举步维艰，几乎从大型报业集团落户北美的那一刻起，就决定了当地华人媒体的航空母舰必须具备跨境经营能力。一方面是跨境的经营与制作促进了不同地域华文媒体的共同发展。当今华文媒体的跨境经营并不仅仅是在海外设立办事处，而是在采编、广告等环节也充分利用跨国的优势，实现资源的交互与有效利用。目前，北美很多大型报业除了与母报或大陆、港台地区报业互换信息外，不仅互换部分版面的形式，还可利用国内充足的人力资源代为进行部分内容、美工、设计、排版与校对工作。另一方面是跨境的联系与磨合消弭了不同地域华文媒体之间的隔阂。改革开放以前，大陆与世界各地华人社会长期隔绝，在语言文字、字体、文法以及意识形态方面都存在差异，因此代表不同来源地的媒体在华人社会中各自为政。近30年来，北美华文媒体自身之间的交流以及它们与世界各地华人之间越发密切的往来使得“港台”“大陆”等概念已逐渐淡化。《侨报》在2006年改为简体出版后，发行量还增加了20%。南洋理工大学郭振羽教授曾表示：“世界上不同地区华文报业，所处环境不同，

① 高伟浓：《软实力视野下的海外华人资源》，马来西亚：学林书局，2010，第325页。

经验有异，但是隐隐然确是血脉相连，命运与共。”[①] 这很好地概括了当今华文媒体大融合的趋势。

最后，华文媒体借网络时代东风积极发展跨境新媒体。美国是计算机网络兴起的地方，北美华人和华文媒体对于网络工具以及新型网络传媒的应用有得天独厚的优势。在传统媒体，尤其是纸质媒体在全球发展乏力的今天，面对连《新闻周刊》纸质版这种老牌纸媒业已停刊的残酷现实，北美华文媒体也在迅速转战网络。2008年西藏“3·14”事件期间，加拿大一位21岁的中国留学生在YouTube上传了一段名为《西藏过去、现在、将来永远是中国的一部分》（“Tibet WAS, IS and ALWAYS WILL BE a part of China”）的视频，三天内的点击量接近120万次，评论7.2万条，多家西方媒体关注该少年，并称之为“网络英雄”。[②] 可见，网络的力量非同小可，而做大做强华文网络媒体更是网络时代的必然趋势。因此很多华文报业适时开设了报业网，进行报网同步的经营，还有很多华文媒体紧跟大陆网民的阅读习惯在北美也开设相关的微博、微信客户端，或者开通社交平台、网络电视等新型渠道。对于华侨华人专业人士，新媒体一方面是这个群体追捧的新鲜传播工具，另一方面不少专业人士也会利用资金与技术，积极投身到新媒体建设的洪流中。

三　华文教育跨越大洋薪火相传

北美地区的华文学校历史悠久，已逾百年，早期华校主要由粤籍人士开办，以粤语授课为主。随后台湾地区移民增多，便出现了台湾系华文学校，在美国以全美中文学校联合总会为代表，它遍布47个州，辖下有中文学校700多所，学生近10万名，多数是老侨开办的学校，采用的多是注音教材；在加拿大，台湾系的华校如安省华文教育协会，也拥有很大的规模与深厚的根基，其举办的多次活动均由与台湾华语文学会（协进会）及驻多伦多台北经文处文化中心协办，与台湾地区文教交流甚为密切。大陆新移民出现后，大

① 程曼丽：《关于海外华文传媒的战略性思考》，《国际新闻界》2001年第3期，第25～30页。

② 高伟浓：《软实力视野下的海外华人资源》，马来西亚：学林书局，2010，第330页。

陆系的华文学校发展速度惊人，主要采取汉语拼音与简体字教学，代表机构有美国的全美中文学校协会和加拿大的加拿大普通话华人联合会等，这类学校与中国大陆的联系则更频繁。[①] 在北美洲，美国和加拿大的华文学校发展的进程是较为相似的——无论是初期发展受制，还是目前大陆系和台湾系学校在繁简体字、拼音的使用方面尚有争执。如同华文媒体与华人社团，华文教育的发展不可能仅仅蜷缩于一隅，搞“文化小团体”，语言能够跨文化、跨地域传播的特质以及当今北美华人与中国日益密切的关系决定了华文教育跨国发展是必然与应然的。应当说，华侨华人及其子女参与到华文教育中来，也许并非每个人都参加了“寻根之旅”或是夏令营等活动，更多的人是在所属社区完成学习的，这种跨境的语言文化传承比起前者来说可能显得更为间接，但仍然属于语言文化的跨境流动。

全球化的趋势决定了北美华文教育不再是孤芳自赏。全球化使得信息在第一时间得以共享，却绝非一个同质化的过程。经济的全球化（globalization of economy）和文化的分裂（fragmentation of cultures）正在共同支配着当今世界的前进。真正的全球性文化，应该追求对比多样文化体验而不是注重划一。少数族裔的语言与文化正在以前所未有的姿态进入主流社会，它们正在全球化的语境下学习与英语相互对话。[②] 在美国和加拿大，多元文化思潮涌起，华侨华人对于语言文化学习的意愿连同本土的觉悟、意识、敏感、情绪和热情在全球化过程中表现出来。在全球化的过程中，华文教育已经不再单纯是少数族裔对于自身语言文化的封闭式的学习，而逐渐演变成为一种开放式的、跨境式的文化交流与传承。华文学校原本仅以华人子弟为教授对象，现在汉语的魅力同样吸引了一些仰慕中华文化的其他族裔学生。

那么，北美华文教育进一步发展就需要拥抱大中华文化圈，实现共享资源。华文教育发展至今的核心问题是教材和师资，尽管北美地区华教发展速度较快，但是生源的增长，加之新华侨华人尤其

① 袁源：《冷战后加拿大华文教育研究——兼论加、美华文教育之异同》，暨南大学硕士学位论文，2006。

② 杜维明：《全球化与多样性》，载哈佛燕京学社主编《全球化与文明对话》，江苏教育出版社，2004，第80～81页。

是专业人士子女对于华语教育提出了更高的要求。对于供不应求的现状，除了培养本土教师之外，借中国之力开展教师交流和培训是当务之急。此外，缺乏交流、故步自封的教学显然不可取，而仅使用以往的《中文》或《汉语》等老教材也已不适合北美多地开展的双语教学，如果能够汲取中华文化圈内丰富的资源，借助有经验的双语教师，在语言的学习中潜移默化地导入文化因素，联合开发新教材，这样的语言教学会因为拥有文化的依托打下更加坚实的基础。因此，华文教育的发展自然也有赖于中国的扶持。2009 年国务院公布了首批海外“华文教育示范学校”共 55 所，其中美国 8 所、加拿大 5 所，北美地区占将近 1/4。这说明北美地区华文学校与国内的交流已经初见成效，并可以对世界其他地方的华文教育起到示范和推动作用。

在跨境交流合作的过程中，北美很多华文学校主张排除分歧，促进融合，针对不同背景的新移民有的放矢地采取不同教学计划。如来自香港的虞崇贞博士指导下的大温哥华中文文化中心下属的中文学校目前从幼儿启蒙班到大学预科班都编为国语和粤语两组，共同教授繁体字和简体字。在成人学习班中有为完全不懂中文的人群设置的国语与粤语两组学习班，有为母语为粤语的人士开设的简易读写班，还有为初识汉字的人士开设的普通话日常会话班，① 可谓非常人性化和包容化。在跨境教育资源整合上，中国方面也应在海外华文教育与对外汉语推广方面与华文学校形成合力，针对华文学校自筹经费和捐资赞助的办学困境，探索侨办与汉办在政策层面协调合作的思路，向华文教育提供经费、师资、教材等方面的支持。②

四　家庭是承载跨境个体的社会细胞

如果说以上三种都是华侨华人，尤其是华侨华人专业人士集体参与或间接参与跨境活动的载体，那么最直接、最微观的一种载体莫过于家庭。家庭是社会的细胞与缩影，正是因为其中有许多成员在不断进行着跨境实践而使得个体的行为汇集成为群体的一种趋

① 袁源：《冷战后加拿大华文教育研究——兼论加、美华文教育之异同》，暨南大学硕士学位论文，2006。

② 高伟浓：《软实力视野下的海外华人资源》，马来西亚：学林书局，2010，第 187 页。

势。引用研究者卢帆的说法，跨国主义语境中的移民家庭正在进行着“一家两国”的实践，家庭作为组成跨国网络的基本构件，在网络的搭建与运作、渗透与扩张的过程中扮演着不可或缺的角色。[①]而目前北美华人社会中“一家两国”主要有三种模式。

模式一：以侨乡移民为代表的家族不断移民模式。侨乡网络多年来为华人移民提供了一条最直接的地缘和亲缘通道，在广东和福建等地侨乡，这种小家庭（原生家庭）—大家庭（宗族，亲戚）—同一地区的乡亲共同铸就的移民梦从来就没有停止过，即使在“文革”期间都有人通过非常手段托人将亲属送往北美洲。在政策更加开明、交通和通信都更加便捷的今天，很多人通过“移民链”频繁与中国大陆展开互动。他们中的一些人初到海外，为实现致富之路，忍辱负重，但是短期内无法将家人接往海外；他们中的另一些人，通过打拼已积累了财富，遂福荫子孙，回报乡梓，侨汇、侨批是老一辈侨民跨境活动的最好见证；还有一些人，在海外打下根基后，希望同乡亲朋能够尽快同赴大洋彼岸，以便使自己所属的地域小团体迅速扩大，抱团取暖。而这其中，不乏热心人，也不乏采用非法手段偷渡非法移民的“蛇头”。一般来说，采取偷渡模式的移民大多文化水平不高，到北美之后要从事低技术含量、靠体力劳动维生的工作，甚至很多还缺乏合法身份，积累财富的时间会较长。因此，长期“一家两国”的现实困扰着这类华人家庭。

模式二：以新经济移民为代表的夫在国内、妻儿在国外模式。技术移民和投资移民一开始多是由一位较为优秀的家庭成员成功申请，而后由家庭其他成员随之申请团聚移民。但是近年来在美国、加拿大屡见不鲜的是，家庭安顿好之后，那位一开始申请移民的家庭成员（大多数是男士）往往放弃来之不易的团聚，长期或者是短期地前往中国大陆，开始了“太空人”的生活。在不少对华侨华人专业人士家庭的调查中，“男主中，女主美”的形式非常典型。在加拿大，由于华人的高学历与就业市场有较大的不对等，很多空有抱负的中青年技术移民无法从事对口的职业。一方面是中国经济发展急缺国际型人才及资金，另一方面是专业人士在北美的职业生涯

① 卢帆：《一家两国：跨国主义语境中的移民家庭研究》，厦门大学硕士学位论文，2008。

或投资遇困境时，很多新移民想到的是回国。然而他们的亲属，尤其是子女接受北美教育的机会不可多得，其他家庭成员所获得的公民或永久居民福利也一时难以割舍，很多新移民家庭在寻找机会的过程中，做出了这种跨境的选择。在选择与适应的过程中，有些家庭最终选择全体回归中国，有些家庭的成员则在一段时间后再次于北美团聚，还有一些家庭长期处于这种分离模式，待子女成年后，家庭成员也可以做其他更灵活的选择。

模式三：以留学生和投资移民子女为代表的“空降式”小留学生模式。和第二种模式相似，这种模式也发生在原生家庭，而且有部分小留学生可能还有母亲或个别家庭成员陪读。但是与第二种模式不同的是，他们的家庭经济支柱肯定不在海外，家庭大部分财产也可能在国内。华人信奉“学而优则仕”“书中自有黄金屋”，北美尤其是美国的教育水平在世界上是顶尖的，一些经济条件优厚的家庭认为，应该尽早送孩子出国，这是今后其通往成功的捷径，同时，美国和加拿大对于留学生申请移民的众多政策倾斜使得其家庭尽快在北美站稳脚跟的可能性加大。但由于部分未成年的小留学生父母忙于事业，只能将他们托付给当地的亲戚或寄宿家庭（home-stay）。因此，很可能催生出完整的家庭天各一方，父母和子女代际变化的矛盾，导致无法直接管教仅能遥控等各种各样的问题。[①]

第二节　北美华侨华人专业人士跨境行为呈现的形式与特点

北美新华侨华人尤其是专业人士近年来频繁往来于居住地和祖（籍）国甚至世界其他国家与地区，他们的跨境行为主要体现在以下三个领域，并呈现与传统意义上的跨境行为有所不同的特点。

一　跨国经济参与

新移民的加入使得北美华人的整体经济实力产生了巨大的变化，原因是他们拥有三种优势和无形资产：一是人才资本——受过

① 周敏：《美国华人社会的变迁》，郭南译，上海三联书店，2006，第369～378页。

良好的教育，掌握先进的技术和信息；二是金融资本——有资金或有门路集资；三是社会资本——有广泛和密切的社会关系网。[①] 因此，他们在移入国的经济参与已经冲破了“三把刀”（菜刀、剪刀、剃刀）时代和小打小闹的族裔经济。在北美，移民除了薪酬就业外，企业经营状况是评价一个族群经济能力与发展程度的重要衡量指标，因为这意味着大宗资金的流向。那么目前，北美华侨华人在企业经营方面，有以下几种主要的形式：首先是族裔经济的发展，这是华人企业主拥有或控制的各类企业，它的一个重要分支类型是聚居区族裔经济[②]；在移民轨迹的另一端，则是海归企业，由那些重新定居原籍国的移民所经营；而在二者的中间，出现了第三种形式——跨国创业。如果说前两者可能产生的跨国跨境互动是有限的互动，因为族裔经济基本定向于居住国，海归企业则着眼原籍国制定战略，那么亲历跨国创业的企业家采取的策略则是一种更大程度上的互动——仍以侨居国为主要居住地点，在原籍国与侨居国之间寻找机遇，但在原籍国进行商业活动时仍会定向于侨居国（见图 3－1）。[③]

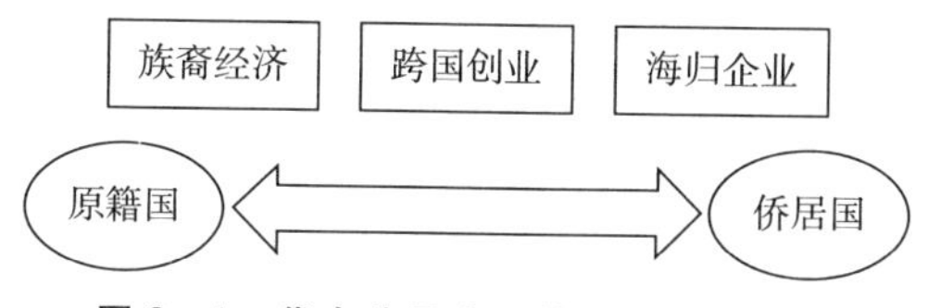

图 3－1　华人移民企业的三种主要形式

在美国学术界以往对于少数族裔跨国型企业的研究中，企业被分为以下五类：第一类与非正式的金融服务业有关；第二类包括进出口贸易、物流及代购等；第三类与文化产业相关；第四类是跨国设分公司、分店或分厂；第五类是移民利用海外网络继续在原籍国开办中小企业。应当说，这些跨国、跨境的企业华人都有所涉及，但似乎忽略了当今方兴未艾的科技企业。那么华侨华人专业人士更

① 周敏：《美国华人社会的变迁》，郭南译，上海三联书店，2006，第 251 页。

② 该概念由波特斯（A. Portes）等人提出，它超越了传统小生意和家庭经营模式限制，又受到本族裔社区各种社会结构的制约，有第一产业和第二产业的特征，但一定是被限定在族裔资源丰富的某个特定区域内的。

③ 林小华、陶小勇：《加拿大华人跨国创业研究》，载周敏、张国雄《国际移民与社会发展》，中山大学出版社，2012，第 373～374 页。

多地选择哪种方式，他们是如何利用所长开展跨国经营的呢？事实上，专业人士尤其是新移民中来自中国大陆的专业人士虽然具备较高的文凭与较强的技术，却在英语实际应用能力及西方商业礼仪、文化融入等方面处于下风（即便是与来自香港、台湾的移民相比），他们在资金和社会资本方面也不具备优势，因此在传统模式下创业，即参与族裔经济显然不是很适合。在竞争激烈的美国和就业市场相对不那么景气的加拿大，尤其是后者，很多华人专业人士要么从事着与预期薪资水平不相匹配的工作，要么达到了一个职业的瓶颈难以上升（即达至“玻璃天花板”的阶段），因而从事与原籍国有关的跨国商业活动则成为突破其职业限制的一种方法。同时，这类人士暂时没有举家重新回到原籍国的打算，归国创业的成本不菲，两相权衡，跨国经营便成为一种独特的选择。

在一系列调查中，跨国企业家拥有以下几点共性。首先，高收入、高学历、具备专业和高层管理经验，属于成功人士的精英团体。这些特征恰恰是与专业技术人士的身份吻合的。调查显示，在跨国企业家中，拥有博士学位的占 9.6%，而相应的非跨国企业家中博士的比例占 4.5%。其次，从性别和家庭结构来说，跨国企业家中女性的比例（35.6%）明显低于男性（58.9%）。其家庭成员达到或超过 4 人时，出现跨国企业家的可能性也会显著降低。[①] 这个结论说明，大多数符合“太空人”生活模式的跨国企业家群体，一般以男性群体为主，并且很可能与中国大陆新移民的家庭结构更加吻合。再次，从年龄结构来说，35 ~ 44 岁的创业黄金期，跨国企业家和非跨国企业家所占的比例都较大，而且比例相近；但在 44 ~ 54 岁年龄段，跨国企业家的比例大约比非跨国企业家高出 8 个百分点。[②] 这在一定程度上说明，年龄较大的移民选择跨国模式可能是因为他们与 35 岁左右或以下的归国企业家相比，除了家庭原因外，还可能会对于侨居国资源有更好的调配能力。最后，侨居国的就业状态也是一个重要的因素。约有半数以上的跨国企业家是因为在侨居国（尤其是加拿大）没有全职的工作，又具备高学历才下决心走

① 林小华、陶小勇：《加拿大华人跨国创业研究》，载周敏、张国雄《国际移民与社会发展》，中山大学出版社，2012，第 381 ~ 383 页。

② 林小华、陶小勇：《加拿大华人跨国创业研究》，载周敏、张国雄《国际移民与社会发展》，中山大学出版社，2012，第 373 ~ 374 页。

到跨国寻求商机的道路上来的。

和老一代族裔经济的经营者不同，大多数专业人士矢志成为以技术开发与应用为主导的企业家，或是利用专业经验和关系网开发高附加值的产品。“中国与全球化智库”对于海外华侨华人专业人士参与国内投资所做的调查显示，81.48%的人选择了高新技术行业，同时在能源、资源和基础设施方面也有一定的投资比例，但对房地产和金融业的兴趣并不大。① 在此过程中，他们一方面给中国带来了先进的技术与管理经验，成功地利用了原籍国与侨居国甚至是其他他们曾经工作过的地区的跨境资源；另一方面，由于跨国企业家得天独厚的灵活性与纽带作用，他们也能够对侨居国和原籍国的技术创新产生积极示范，对于带动更多企业开拓市场起到积极的作用。这种积极作用是双向的，而非仅仅有益于中国，正如“人才流失”这种单向性的，消极的作用正在被“人才环流”的趋势所消解一样。华侨华人专业人士的跨国经济参与起点更高，也就更容易产生溢出效应。根据多伦多大学网络实验室的卫百威教授（Barry Wellman）和陈文泓博士的研究，在加拿大的华裔移民企业家中，开展跨国经营的企业家所占比例为42%，主要分布在货物、服务、科技、知识和文化等领域。与单纯的族裔经济相比，这些跨国经营的企业在营业额和员工雇佣规模方面都远超前者，有近75%的跨国经营华裔移民企业家在协助加拿大企业进军中国市场或协助中国企业走出国门方面发挥了重要的桥梁作用。②

二　跨国政治参与

华人参政最基础的层次和最直接的目的就是为本族裔内部发展争取权益。在20世纪60年代末70年代初，不少华人中产阶级知识分子和专业人员首先从自身的就业方面为自己争取合法权益，“华人就业协进会”就是当时比较有代表性的组织。此后，“法律援助会”“美华协会”等华裔平权组织纷纷建立，它们的宗旨也不

① 王辉耀、苗绿：《海外华侨华人专业人士报告（2014）》，社会科学文献出版社，2014，第233～234页。

② 《加拿大华裔跨国经营比例高达42% 逾7成跨越中加》，中国新闻网，http://www.chinanews.com/hr/mzhrxw/news/2007/07-12/977638.shtml，2007年7月12日。

仅仅是保护华人在社会生活中不受歧视，而是将活动目标逐渐向参政议政、端正华裔形象、宣传中华文化等更高的层次迈进。在此过程中，这类政治团体的活动范围也不仅限于侨居国，如“美华协会”还在香港设有分部。实际上，华人作为少数族裔参与政治，大多数情况下不可能仅限于本土，而或多或少地都会与祖籍国发生关系，都有跨国、跨境政治参与的成分；同时，由于多元文化和“种族认同”意识的共同推动，华人参政时也往往带着泛族裔共同命运感，[①] 不仅为华人，还为泛亚裔族群争取更多的平等权利与社会资源。此外，能够具备参政条件的华人，可能属于土生华人的第三代、第四代，也可能属于根基已深的新移民，一般都受过高等教育，精通两种以上的语言，通晓法律，即都属于融入主流社会的精英人士和专业人士。这类人士的跨国政治参与主要从以下三个层面来体现。

对于双边关系来讲，华人的跨国政治参与无疑是最好的助动器与润滑剂。Moises Naim 认为，移民散居者是连接国际政治与国内政治的最重要行为体。[②] 通过参与政治、经济、文化、科技等方面的交流，华人在中美、中加之间大多产生了积极的作用，担当了纽带与桥梁。20 世纪 70 年代，诺贝尔奖得主杨振宁等人就作为非正式的民间使者，穿梭于华盛顿与北京之间，沟通了两国首脑之间的联系；克林顿总统 1997 年访华前，也曾特邀部分华人学者和社会名流，如“百人会”的创始人贝聿铭等，赴白宫与之进行交谈，以咨询他们对于中美关系的看法。其实，这部分社会精英并非职业的政客，由于其在其他领域的突出贡献而形成了极高的社会名望，从而在政治领域产生影响力，他们更多的是充当了民间外交的使节。在北美华人社会中，有不少专业人士转而从政的例子，无论是充满争议的李远哲，还是加拿大第一位大陆裔国会议员徐正陶，都是科学家出身，从政之路并不长久也不见得顺利。从他们对于双边或多边政局施加影响的情况看，更多的是出于在原有工作领域声望的角度而得以实施。这一方面反映了华人科学家参政的某些制约，另一

① 连培德：《美国华人和其他主要亚裔族群的跨国政治活动调查》，万晓宏译，《华侨华人历史研究》2009 年第 1 期，第 27 ~ 39 页。

② Moises Naim, “the New Diaspora,” *Foreign Pllicy*, 2002, (131), pp. 95 - 96.

方面也可以说明或许他们中的大部分人最好的角色仍是在民间外交方面发挥影响。这些精英人士主要通过组织中美、中加双边民间或者半官方的专家、官员参与的研讨会，或牵头筹办两国之间大型交流活动，或作为国家元首的座上宾为两国关系发展建言献策，对双边人员和往来起到增进了解、互利互信的推动作用。

对于居住国来讲，华人的跨国政治参与是该族裔得以生存发展的有力工具。在华人的参政上，孤军奋战的时代不复存在，个人一般从属于某个团体才能为华人的集体利益发声。在美国，有“百人会”“80/20 促进会”等；在加拿大则有华人筹组的“民族联盟党”等团体。在政治参与的头等大事选举中，华人推选华裔或关心华裔及亚裔福利的候选人参选；同时，华人也更加推崇那些对中国友善、对华政策积极的政客。与“百人会”不同，“80/20 促进会”是 2000 年美国总统大选之际成立的一个长期存在的专门性的选举促进团体。因为在国际政治生活中，凡是中美、中加关系遇冷或因某些原因恶化时，首当其冲的就是所在国华人，因而华人在居住国参与政治实际不可避免地接触到跨国议题，参与跨国政治。华人知识分子的出现，也使华人从集体旁观者的角色中抽离出来。这类人士在北美受过高等教育，对美国政治准则较为了解，大多通悉如何谨慎地按照美国法律程序协调和建立社团，向持相同观点的美国公众、党派和政客寻求支持与赞助。近年来，一些华裔权威学者如黄靖、裴敏欣、黄亚生等对中美贸易纷争、人权问题等分歧性议题的见解纷纷见之于主流媒体。[①] 值得一提的是，个别华人政治明星从属于精英阶层，在利益没有太大相悖的情况下，会尽可能把华人利益放在心中，处理中国与其居住国的关系时也尽量保持友好的态度，但是这类华人精英的“华人色彩”实际比较淡薄，而“美国人色彩”“加拿大人色彩”相对浓厚，行事的出发点是以其效忠的国家为先的，[②] 这从前美国驻华大使骆家辉在中国的履职经历便可见一斑。因此，实际上华人专业人士还是应当增强群体性的参政意

---

① 尹晓煌：《“当事者明”：浅析美国华人移民对中美关系之参与及影响》，载国务院侨务办公室政研司编《北美华侨华人新视角——华侨华人研究上海论坛论文集》，中国华侨出版社，2008，第 132 ~ 133 页。

② 高伟浓：《软实力视野下的海外华人资源》，马来西亚：学林书局，2010，第 426 ~ 427 页。

识，需要真正充实足够庞大、遍布各类机构的华人政治精英阶层。

对于祖籍国来讲，华人的跨国政治参与有利于中国正面形象的树立与和平统一大业的维护。虽然海外华人并没有美国大选中“海外选民”那样直接的作用，但是华人对于那些与中国有关的事件的参与却足以证明这个群体不可忽视的地位。在20世纪70年代，北美的留学生就掀起了“保卫钓鱼台”运动，参加该运动的多是高学历人士，尤其是30岁以下的香港或台湾留美学生和学者，虽然该运动为期不长，却在华人圈引起了很大反响。[①] 20世纪90年代，美国哥伦比亚广播公司（CBS）对于所谓“华人间谍”案做出不实报道，华人组织筹集特别基金对此事提起诉讼，最终迫使该公司正式道歉；1995年李登辉访美之际，多名大陆留学生移民发表了致时任总统克林顿的公开信，敦促美国政府撤销李登辉访美签证；2013年，美国广播公司（ABC）节目公开辱华，全美27个城市华人集体抗议，并有上千华人至ABC总部游行示威，最终使该公司对不当言论正式道歉。此外，对于华人来说，政治参与并不仅与选举、游行和诉讼有关。例如美国的“一九九十学社”由华人学者所建立，这个学社的成员虽身在海外，却时刻关心着中国的政治经济改革，出版了多本有关于中国改革方面的论著。在20世纪90年代，其中一本关于税制改革的书籍还被译成中文版，并得到了当时国务院总理朱镕基的高度认可。[②]

三　跨国文化参与

文化虽有国别之分、民族之异，但是文化又恰恰是不断融合、不断兼收并蓄、不断传承创新的。曾有人认为，老一辈北美华人固执地坚守中华传统文化和地域文化，而新移民则对西方文化全盘接收，这种观点难免绝对。虽然不同背景的华人对于文化认同的理解不尽相同，但是作为长期身居海外的华人，无论以什么形式参与文化活动，实际上或多或少地都在和祖籍国与居住国之间发生跨文化的联系。

最明显的跨国文化参与者当然是那些真正活跃于国与国、地区

① 麦礼谦：《从华侨到华人》，香港：三联书店，1992，第483页。

② 耿莲：《当代美籍华人的跨国主义》，华东师范大学硕士学位论文，2007。

与地区之间的热心于跨文化交流的华人。这一层次的跨文化活动有很多形式，比如举办中美、中加的恳亲会、联谊会、音乐会、书画展、传统工艺展示、教育方面的交流、慈善募捐等。这些常规的跨境文化交流近年来随着全球化步伐的加速以及交流与通信的便利日益频繁。而多场域、多角度的文化交流对于新老华人来讲究竟意味着什么呢？这些公益、半公益或者商业性质的文化交流活动之所以方兴未艾，绝不仅仅是出于他们对于祖籍国文化的眷恋，更显示了他们在宽松的多元文化语境下对于建构自身文化身份的一种自信与游刃有余的态度。他们对于中华文化的推崇与认同，以及他们的越洋活动与人文交流不但不会削弱他们对于居住国的归属感，反而能够让他们从容面对各种困难与敌意。①

另一种跨文化参与者也许并不是真正在国与国之间频繁穿梭奔走的——他们长期定居于北美，但是热心于社区和文化活动。如前所述，对于高收入专业人士来讲，这一群体并不居住于传统的唐人街，也不再聚居于内城，而是散居于郊区拥有优良学区的地区，与美国其他族裔居民（多为白人）混为一体。但是从文化活动上看，他们每逢周末与传统节假日，多聚集于中文学校、中文教会、政治委员会和华人社团组织的文化庆典活动中。对于这类由于中华文化凝聚力而产生的社区，令狐萍将其称为“文化社区”。她认为北美华人中产及高中产阶级的地理集中虽然困难，但是他们有与同胞交流、保持与维护中华文化的渴望，通过聚集来找寻对于自己族裔文化和种族的认同感。② 即便这其中的华人教会信众信仰的乃是西方文化的重要精神根基——基督教，这类组织的主要参与人员仍是从血缘和种族身份上直接相关联的华裔，他们聚集在一起的原因不单单是宗教信仰的一致，同时也是血浓于水的一种同胞情怀的凝聚。华人在这种文化聚合的情境下，即使身处一国一地，在文化活动上实际是承载了多种文化的跨文化参与者。他们对于自身的定位更容易脱胎于单纯的种族与国家，倾向于成为世界主义者（cosmopoli-

① 潮龙起：《跨国华人研究的理论和实践——对海外跨国主义华人研究的评述》，《史学理论研究》2009 年第 1 期，第 95 ~ 106 页。

② 令狐萍：《美国华侨研究的新视角——文化社区理论》，载国务院侨务办公室政研司编《北美华侨华人新视角——华侨华人研究上海论坛论文集》，中国华侨出版社，2008，第 73 ~ 75 页。

tan)，从而持有一种超越国家的“具有世界性的华人文化身份认同”。[①]

除此之外，北美华人的跨国文化参与还有更深层的表现形式。北美某华人社区的创立者赵增益曾这样表述他眼中的中华文化在美国发展的阶段。第一阶段的中华文化和社区中心有利于华人间的互帮互助，构成聚会与交往的场所；第二阶段则将中华文化介绍给美国人，以增进族群间的理解与交融；第三阶段是华人真正参与美国的社会生活，尤其是参与政治。[②] 此处主要指的是华人社区在不同层次上发挥的作用。那么对于北美华人尤其是专业人士来讲，浅层的文化参与显然不能完全体现他们在跨国文化参与中所起到的作用，自身专业背景与人际关系网有利于他们组织更高层次的文化、教育、科技交流。无论是从事自然科学及应用技术研究的知识分子，还是从事人文社科领域研究的学者，抑或是投身经济与管理领域的专业人士和高级管理者，这些华人精英人士的成功一方面蕴含着中华文化的深厚积淀，另一方面也吸收了西方文化的精髓，两大文明在他们的人生经历中交融，恰恰激发了其创造力的充分发挥。值得一提的是，新儒学、新道学、新佛学也在北美成为华人研究者对中西文化深层挖掘、创新、再创造的一部分，也是他们对于中华文化进行的全新的阐释。例如新儒家的代表杜维明，从世界主义的情怀出发对儒学进行现代认同与显扬；曾在加拿大和中国港台地区都有求学和从教经历的新道家的代表人物石元康，基于现代性以解释新道家与自由主义；而西方近年来对于禅宗和密宗的研究热，与华人新佛家学者及高僧在北美推广的关系自不待言。总之，华人研究者生活在西方，回过头来对中国传统的文化资源进行新的观照、发掘和再创造，然后再用这些成果来充实或制约西方既定的信仰、观念和行为方式，的确是一种跨越国家与边境的精神之旅与文化之旅的升华。

---

① 卓新平：《海外华人的文化认同与政治认同》，《中国民族报》2008 年 12 月 30 日第 7 版。

② 李兰：《依存与互动——美国华人新移民与美国华人社区研究》，华中师范大学硕士学位论文，2007。

第三节　主导与制约华侨华人专业人士跨境行为的因素

华侨华人专业人士由于通晓各类专业技能，他们中的一部分人还拥有丰富的人际关系网络，以及一定规模的资金与信息资本，实际逐步掌握了“精英资源”，成为全球化时代各国所争相竞逐的人才。而专业人士本身，为了追求更优质的生活、更高的人生价值，受益于全球人才流动的机遇，从而也更善于在国家与地区间自如地进行跨境活动。当然，在当今国际社会，移民的跨境流动的成因不是单纯的经济原因和“推—拉”关系，而是由多重因素共同作用的新推力和新拉力。需要说明的是，专业人士在全球范围内的跨境行为已趋常态化，对于移民尤其是高技术移民来讲，流动也不仅仅限于祖籍国与居住国两地间，但是以下主要讨论的是北美华侨华人近年来显现出的一个较为突出的跨境轨迹——在北美居住国与祖籍国之间。近些年，北美华侨华人专业人士在祖籍国与北美居住国以及其他地区间的活动非常频繁，是何种原因导致他们的跨国跨境行为？又是哪些因素影响了他们的跨境行为、跨境频次以及具体方式的选择？

一　首先，祖籍国的国际化发展趋势构成了新拉力

以中国为代表的新兴经济体在近30年内发生了翻天覆地的变化。无论是久居海外的土生华人后代还是新移民都能够感受到这些新兴的世界经济体举世瞩目的发展成就，而其祖籍国——中国无疑正在以世界第一的经济发展速度吸引着他们关注的目光。Philip Martin 和 Edward Taylor 认为，一个国家的工业化进程基本完成，生活条件逐步改善，移民潮会经历一个由低到高再低的转变过程（Emigtation transition），也即他们所说的“移民峰”（Emigration hump）。欧洲移民潮由潮来至潮退持续了80～90年，二战后的韩国用时40年左右。[①] 为数不少的学者预测，鉴于中国对外移民没有像

① Philip L. Martin and Edward J. Taylor, “The Anatomy of a Migration Hump,” in J. Edward J. Taylor ed., Development Strategy, and Migration: Insights from Models, Paris: Orgnization for Economic Cooperation and Development, 1996.

欧洲工业化时期那样以总人口12%的比例涌向世界各地，同时中国也在不断深化市场取向的改革，全方位实施对外开放，所谓“移民峰”的时段不但会比欧洲短得多，也应当短于韩国。[①] 事实上，今日中国的发展已经掀起了人才回流的趋势。根据教育部公布的数据，2012年留学回国人员数量达27.29万人，同比增长46.56%，其中自费留学者归国人数达25.27万人，占比94.79%，而2003年自费留学回国人员仅为1.32万人，占比65.57%。[②]

近年来，中国相继颁布了《关于鼓励海外留学人员以多种形式为国服务的若干意见》《关于建立海外高层次留学人才回国工作绿色通道的意见》《关于为外籍高层次人才来华提供签证及居留便利有关问题的通知》等政策，实施“千人计划”“长江学者奖励计划”“百人计划”，有条件的地方政府还相应追加了对相关人员的扶持力度，目的就是吸引更多的海外优秀专业人才。而对于那些无法全职来到中国（或是举家回国）的海外高层次人才，采取鼓励兼职、开展合作等各种灵活的办法，逐渐转变思维，从强调“回国服务”到强调“为国服务”，从强留“人的回归”到同时强调“人才回流”和“人才环流”，遵循“不求所在，但求所用”的原则。在这样大好的市场环境与日趋宽松的政策环境下，不少北美的华侨华人专业人士，特别是留学生和新移民群体，由于相对更了解中国国情与市场，也愿意重新踏入故土开启跨国事业（见表3－2）。

表3－2　各类留学人员归国情况表（2003～2012）

单位：万人，%

年份	国家公派	单位公派	自费留学	自费留学回国人员比例
2003	0.2638	0.4292	1.32	65.57
2004	0.2761	0.3965	1.839	73.22
2005	0.3008	0.477	2.72	77.76
2006	0.3716	0.5267	3.34	78.81

① 邱立本：《中国的和平崛起与对外移民》，《华侨华人历史研究》2008年第2期，第1～9页。

② 王辉耀、苗绿：《中国海归发展报告（2013）》，社会科学文献出版社，2013，第7、18页。

续表

年份	国家公派	单位公派	自费留学	自费留学回国人员比例
2007	0.4302	0.4211	3.6	80.88
2008	0.75	0.5	5.68	81.96
2009	0.92	0.73	9.18	84.76
2010	—	—	—	—
2011	0.93	0.77	16.92	90.87
2012	1.10	0.29	25.27	94.79

注：2010年相关数据缺失。

资料来源：教育部相关统计数据。

二　华侨华人专业人士在居住国与祖（籍）国间进行跨境活动也缘于他们自身的优势

这类群体拥有较高的专业素养与国际素养，在学习和工作中接触到了世界先进的科技、管理理念与方法，视野开阔，跨文化背景强，熟悉国际规则，同时拥有覆盖祖（籍）国与居住国甚至全世界的人际网络。根据调查，他们的主要优势依次为文化优势（即能更有效地结合东西方文化背景）、获取海外资源的优势（此处主要指技术信息）、技术和管理优势（尤其在技术突破性创新方面的明显优势）等。[①] 一方面，华侨华人专业人士的双语能力、对于国际经济运行规则的了解以及过硬的专业知识与技能是他们从事跨境事务的敲门砖；另一方面，他们对于中国国情、中国市场的需求，以及中华文化和沟通技巧的洞悉都使得他们比西方的管理层更容易在中国开展业务。对于留学生和技术移民来说，以往的经验使得他们迅速适应新环境，以及变通、协调的能力更强。在这种情况下，华侨华人专业人士选择跨国与跨境活动，就意味着他们拥有了得天独厚的优势，能够更充分地发挥他们联络国内国际两种资源、联结两种社交网络的作用。

应当说，华侨华人专业人士自身的综合素质与适应能力越强，他们在跨境活动中的风险越能够降到最低。所谓优势，不但是固有

① 王辉耀、郭娇：《中国留学发展报告（2012）》，社会科学文献出版社，2012，第136页。

的技能，更是包含了多方面资本转化的能力。华侨华人专业人士群体中本来就有相当一部分人属于新移民，他们移民的内在动机不在于生存，而在于发展。为了得到更好的发展，他们已经选择和尝试了移居大洋彼岸这条路，以具有冒险和富有挑战性的途径实现改变原有生活方式的目标，因此对于不同环境中如何生存、如何施展自身的优势、如何扬长避短有深刻的认识。为了谋求发展，他们往往也乐于多次变动居住地，前往有更多发展机会的国家或地区。专业人才原本就广受各发达国家欢迎，因而改变定居地，也成为有能力的新移民的一种发展常态。而在居住国与祖（籍）国之间进行的跨境活动，对于大多数新移民中的专业人士来说就更有优势了。

三　“北美梦”趋于现实，某种程度上构成了新推力

在中国、印度等新兴大国抓住发展机遇，升级产业链，大量吸引高层次人才的同时，美国这一超级大国也是移民大国正在经历着移民回流祖籍国的浪潮。2008 年的全球经济危机对美国是一次重创，以华人及华人 IT 界人士聚集的美国加州为例，2009 年全年一直维持 10% 以上的失业率，到 2010 年 3 月该比例扩大到 12.6%，信息网络行业成为重灾区，而华侨华人专业人士由于语言、文化等方面的不利因素受到了此次危机的严重影响。在东部的华尔街，15% 以上的华人雇员被裁员。[①] 后金融危机时代，美国的经济增速未能如预期那样迅速地完全恢复元气，几轮量化宽松政策也并未起到“给经济输血”的实质性作用，反倒平添了美国人对于未来的不确定性，“高失业”“高债务”“高赤字”这“三高”的乌云始终笼罩着美国上空。这一切给美国民众带来了一定悲观与消极的情绪，也影响着追寻美国梦而来的新移民的去留。根据美国 2011 年的统计数据，放弃美国公民身份及绿卡的人数已有约 1800 人之多，相比 2007 年增长了 9 倍，超过了之前三个年度的总和。此外，在美国移民的第二代选择回归父母来源国的倾向也逐渐明显。在这些人中，很多都是拥有硕士、博士学位，具有丰富工作经验的高端人才。诚如考夫曼基金会副总裁罗伯特・利坦所言：“外来移民想要

---

① 廖小健：《金融危机对美国华侨华人专业人士的影响》，《八桂侨刊》2011 年第 3 期，第 49～52 页。

在美国开创一番事业已没那么容易了，但他们如果尝试将美国的成功经验和商业模式复制到新兴经济体，就很容易获得成功。”①

加拿大作为一个移民大国，其经济受美国影响较深，但经济总量较美国还有一定差距，因此，该国劳动就业市场并不能保证新增的人力资本得到合理的配置。在加拿大的就业市场中，很多专业人士，尤其是技术移民屡屡碰壁。很多华人技术移民纷纷认为他们在加拿大求职过程中的工作机会和专业契合度都比原籍国有所下降，找一份收入尚可的兼职并不难，然而符合其专业的全职工作确是难上加难。究其原因，有以下几只“拦路虎”，它们分别是：语言、工作经历、学历以及社会认可。以下主要以新移民中的技术移民为研究对象，分别从这四方面来分析加拿大就业市场中的困难。

摆在技术移民面前的第一重困难是语言障碍。虽然技术移民申请准入加拿大的时候都对外语能力进行了考核，但是综合的语言能力并不是语法能力，也不是考试分数能够完全代表的。新移民初到加拿大往往认为他们有足够的外语沟通能力，实际上真正融入工作和生活场景是需要习俗和价值观碰撞的，更需要的是时间。英语（或法语）的口语能力就是加拿大就业市场的敲门砖，如果口语能力不过关，就会影响人际交流和工作效率，自然也将缺少获取高收入工作的机会。在加拿大，尽管申请了技术移民，如果对于官方语言的熟练掌握程度有限，那么其原本所拥有的教育经历和职业专长将会大打折扣。

摆在技术移民面前的第二重困难是工作经历障碍。加拿大的职业认证体系有其地方保护性，并对于来自其他国家与地区的移民有着更加严苛的准入条件。除了一些紧缺行业，像医师、工程师、技师（而进入这些行业也最好考取与之匹配的加拿大职业资格）以及其他一些技术专家等领域，必须在申请移民的过程中参加专门培训，并由政府指定的职业协会（如加拿大职业工程师委员会等）颁发职业资格认证，这一过程不仅繁杂，而且还会耗费不菲的金钱和大量的时间。② 相比之下，某一些行业并没有此类硬性规定，却不

---

① 《美国人才呈 U 型回流移民国遭遇人才流失》，易贤网，www. ynpxrz. com，2013 年 2 月 5 日。

② 徐丹：《论加拿大人力市场的结构障碍与个体障碍对移民的影响》，《鸡西大学学报》2008 年第 2 期，第 93 ~ 94 页。

能阻止私人雇主选取加拿大工作经验为聘用雇员的硬性条件。因为“本土工作经验”意味着外籍移民须融入加国文化与社会价值观，以及得到言语沟通与职场准则方面训练的机会，自然也就意味着工作中的摩擦与损失会相应降低。

摆在技术移民面前的第三重困难是学历障碍。在申请技术移民的时候，加拿大政府接受外国学历的申请者；而加拿大的学历认证体系却不与移民体系直接挂钩，许多技术移民的本科及以上学历都不被承认。因而在实际在招聘过程中，“本地学历”和“英联邦国家及地区学历”成为众多没有加拿大学习经历的移民一道难以逾越的鸿沟。加拿大新移民法对于在加拿大留学的毕业生申请永久居留权方面的政策愈发宽松——这对加拿大华人留学生群体来讲固然是一个利好消息，但是对于那些没有加拿大留学背景的技术移民来说，则可谓雪上加霜。他们中的许多人为了生计不得不抛弃从事多年的专业技术性工作，转而从事一些在当前加拿大就业市场中短期收入较高的职业，要么就咬紧牙关取得加拿大学历，因为难以找到合适的全职而长期兼职是这个群体不得已而为之的一个常态。

摆在技术移民面前的第四重困难是社会认可。与前面三重困难不同，这一重困难是隐形障碍，在职场中并非像前面三者那样直观，但是真实地存在。在加拿大以及美国社会，雇主对于少数族裔尤其是新移民的偏见与歧视真真切切地存在于职业场景中，大多数雇主首先还是优先选择那些种族渊源、语言文化和学历及工作经验与他们相似的人，认为新移民缺乏适应能力与融合素质。即使是对于那些成功求职并且上升到管理层的优秀专才来讲，依然有一块“玻璃天花板”始终飘于他们的头顶难以冲破。这层无形的阻隔使得华侨华人专业人士即使再努力，也难以在他们的事业上更进一步。

以上部分，讨论的主要是新移民中的技术移民在加拿大社会资源较为饱和的时期在实现职业梦想方面遇到一些困难。当然，对于加拿大的华人留学生或是华人第二代、第三代来说也许并没有如此大的压力，他们也并不能完全代表华侨华人专业人才的群体状况。在机遇较多的美国，可能华人技术移民的就业情况会稍好。但是技术移民确属华侨华人专业人士中不可忽视的一个部分，他们一旦在海外遇到一些推力，无疑正是中国招揽良才的大好机会。

四　推与拉之外，是每个个体基于自身因素的综合考量

王辉耀等人对于中国和印度在美留学人员回流原因的一项调查显示，91.8%的华人称中国有更好的经济发展机遇，超过80%的华人认为回流也将会有更好的专业与职业发展空间，这两项比例都远高于印度裔人士；相对来说，印度裔人士回流的原因更侧重于家庭。可见，对于个人来讲，跨国与跨境的流动不能简单归结于经济因素。[①] 历史机遇下，中国的发展前景空前广阔，北美居住国确实也产生了一些让华人感到不如意的因素，但是并非所有华侨华人专业人士都选择回流，其原因也是多种多样的。在诸多调查中，很多专业人士表示如果他们全职回国，将会出现以下几点不适应：一是长期生活在国外，对国情现状缺乏实际的了解，不了解国内的法律法规与“游戏规则”，尤其是有创业想法的人担心全方位投入国内会水土不服；二是适应了西方人简单直接的思维方式，难以处理国内复杂的人际关系，担心沟通不畅；三是东西方文化双重背景有时也致使他们面临不同文化与价值观的拷问与夹击；四是家庭因素，诸如其他家庭成员不愿意在中国生活，希望享有更好的福利与子女受教育资源等。

美国经济学家奇思威克曾提出一个移民就业的U形模式，即移民在其母国的最后一个职业与在美国的第一个职业之间，通常呈现职业的下向流动的现象，但随着在美国的时间的增加，他们因人力资本的增加而将逐渐获得一个职业向上流动的支撑力，从而形成了一种职业地位先降后升的U形模式。[②] 这个观点与上述加拿大华人技术移民所遭遇的困境以及其中相当一部分人无法找到与专业和学历相匹配的工作的情况是基本吻合的。在朱红对技术移民的研究中，技术移民为避免荒废自己原有的资本，应当及时做一些调整来适应新的市场，将自己的资本转换为新的移民社会可以接受的形式。例如积极加强语言与文化交流、取得所在国学历、参加职业资格培训、增强理解包容等，都是他们在所在国进行资本转换的正确

① 王辉耀等：《移民潮——中国怎样才能留住人才?》，中信出版社，2013，第108页。

② 欧阳贞诚：《1965年以来美国的外来移民及其经济影响》，东北师范大学博士学位论文，2010。

渠道。[①] 总体来讲，移民遇到困难是必然的也是暂时的，如何调整，将劣势变为优势，结合个人的实际情况是他们需要认真思考与实践的问题，其中一条路就是跨境经营自身的事业。

如若进行资本的重塑，无论是在一个国家还是多个国家与地区跨境进行都会充满风险且错综复杂。但嗅觉敏锐的华侨华人专业人士不会“将所有鸡蛋放到一个篮子中”，因而他们中的很多人不会选择在一个国家长期生活和开展事业，而是充分利用母国与移民国同时赋予他们的资源，在某一固有空间受到挤压无法进一步发展的时候，马上拓展新的空间。在这个过程中，中美、中加之间产生了一个特殊群体——“海鸥”，他们徜徉于多元文化的海洋上空，在国与国之间飞来飞去，被各种海风“推—拉”，同时在多地栖息，是跨境活动最有代表性的践行群体之一。至于这类人群的回流与环流意愿，包括海鸥再归海的动机，将在下一章内详细展开。

小　结

在全球化的新语境下，北美华侨华人专业人士作为具有代表性的群体在国与国之间展开了不同于以往时空、频次与深度的跨境活动。其中，华人社团、华文媒体和华文教育以及更多的原生家庭作为承载跨境行为的单位正在发生崭新的变化。因为无论是在政治、经济还是文化方面，这类人群所主导的跨境活动都显现出前所未有的鲜明特色。而主导与制约华侨华人专业人士跨境行为的因素也来自多个方面，就目前来讲，21 世纪以来，相对于北美地区的经济状况，中国国内经济保持稳定增长，日趋稳定的就业环境是吸引华侨华人专业人士在居住国与祖（籍）国之间跨境活动的最主要原因，当然个体最终的选择及活动范围取决对于综合因素的衡量。正是日益宽松的国际环境与综合因素的交互影响使得这类国际性专业人才产生了柔性流动的需求。

① 朱红：《转换・融合——中国技术移民在加拿大》，社会科学文献出版社，2008，第 74 页。

第四章 以广州为例看华侨华人专业人士的回流与环流问题

广州作为我国沿海重要的都市、侨乡腹地以及国际人才流动的重要区域，其对于国际人才的吸引力，尤其是华侨华人专业人士的回流以及环流的吸引力，是该城市的经济实力、社会环境、文化氛围等因素的综合体现。以下，将基于近年来广州市的归国留学人员的回流情况以及部分环流人员的案例进行分析，并将其中部分数据与我国华侨华人专业人士回流及环流的整体情况进行比对，以归纳这类人群的特点。由于在调研中发现，环流中的“海鸥”人员流动性强，做大规模的统计有实际难度，因此大部分确凿的数据来自对于归国留学人员的统计，以此为基础对广州地区华侨华人专业人士跨国流动现状进行进一步分析。

第一节 广州市海外华人专业人才的回流现状

根据教育部的统计数字，从1978年到2013年底，我国各类出国留学人员总数已达305.86万人，与此同时，2013年我国的留学回国人数达到35.35万人，占当年出国留学人数的85.41%，而2001年这一数据则为14%。近年来，一方面我国出国留学人员数量飞速增长，中国已经成为世界第一大留学生输出国；另一方面，中国的留学回国人员无论是在人数上还是在比例上都有着同步的迅速增长（见图4-1）。

广州地区作为中国海外新老移民的一块重要输送地，是海外华人回流选择的重要聚居地。近年到广州工作生活的跨国移民除了祖

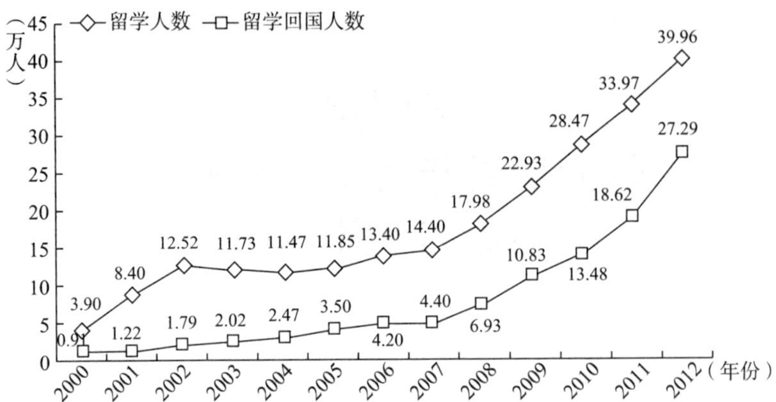

图 4－1　2000～2012 年中国出国留学人数和留学回国人数对比

资料来源：王辉耀、苗绿：《中国海归发展报告（2013）》，社会科学文献出版社，2013，第 15 页。

籍广东的第二代、第三代移民外，另一个重要群体则是由广州及周边地区输送往海外的留学生，他们中的很多人在海外取得了外国国籍或永久居住权后，在广州和境外国家及地区以不同形式灵活开展各种社会活动，也同时对这些国家和地区产生影响，密切了不同地区之间的往来联系。

广州地区移居海外者的分部也以北美为最多。在 1980～1999 年，广州有 6 万余人移居美洲和大洋洲，其中移居美国者有 3.8 万人，约占 63%。[①] 据 2000 年的文献统计，广州的海外移民中，去往美国者占 36%，去往加拿大者占 20%。[②] 另据美国智库布鲁金斯研究所（Brookings）对于 2008～2012 年持有 F－1 签证（全日制学生签证）的世界各地赴美留学的学生统计报告来看，在世界大中城市赴美攻读学位的生源地排名中，首尔位居第一，北京、上海紧随其后排在第二、三名，广州名列第十六位，该市也是中国大陆第四大美国学生输入地（见图 4－2）。同时，广州是半数以上归国留学

① 广州市地方志编纂委员会：《广州市志·华侨志》，广州出版社，1996，第 17 页。

② 王兴业：《新华侨华人的特点及其海外统战工作中的政策原则探讨》，《广东省社会主义学院学报》2000 年第 1 期，第 19～21 页。

人员希望能够就业的城市之一，其余三个城市分别是北京、上海、深圳。[①]

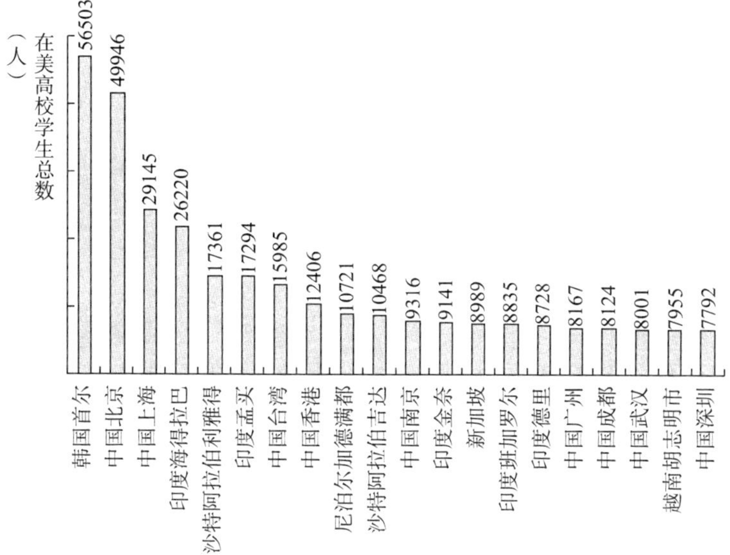

图 4－2　赴美攻读学位人数最多的全球前 20 大城市（2008～2012）

根据笔者参与的 2012 年广州市留学人员服务管理中心联合多所高校及留创园所做的对于广州地区归国留学人员的调查，在穗留学回国人员（以下简称留学人员）总量约 4.3 万人，留学人员创立企业 2000 多家，分布在 14 个园区中。此次调查共发放 1083 份问卷，回收有效问卷 1082 份，在 1082 个有效样本中，50.1% 为男性，49.9% 为女性，性别比接近 1∶1，符合该中心数据库资料所显示的留学人员男女比例。

一　人员基本情况及背景

（一）年龄结构

自 20 世纪 80 年代以来，广州市回国留学人员的年龄结构大致涵盖了各个主要年龄段，以 26～35 岁年龄段为主，所占比例超过 50%。可以看出，留学人员以青壮年为主。从回国年份来看，20 世纪 80 年

① 布鲁金斯研究会网站，http://www.brookings.edu/，2014 年 11 月 8 日。

代回国的留学人员100%超过45岁，90年代回国的留学人员中67%超过45岁，2000~2009年回国的留学人员则以31~35岁年龄段为主，而2010年之后回国的留学人员中，26~30岁年龄段所占比例最大，达52.3%。从时间历史来看，留学人员群体渐趋年轻化。

（二）家庭背景

留学人员中，绝大部分来自广州市和广东省其他市，其中户籍在广州的回国留学生所占比例超过半数，达54.2%，户籍在广东省其他市的留学生则占27.4%，约占总数的80%。相比之下，来自中国其他省份的留学生相对较少，所占比例只有17.4%。可见，家乡在广州或家乡在广东是留学生选择在广州就业的一个重要因素。

从婚姻状况来看，大部分留学人员未婚，但已婚人员的比例也达38%。不可忽视的是，留学人员的婚姻家庭状况将影响其就业地点的选择。因此，在引进留学人员来穗就业的工作中需要充分考虑已婚人员的配偶及其子女的落户和受教育问题。

从父母职业背景来看，留学人员的父母多为企业经营者和个体经营者，其比例达35.2%；其次为政府工作人员和知识分子（医生、教师、科研人员等），其比例分别是21.5%和18%；父母职业为工人或农民的留学人员比例较低。

（三）出国前职业与经历

以学生身份出国留学是留学人员出国留学的主要形式，因此，大部分留学人员出国前都没有工作经历。根据数据显示，68.4%的人出国前是学生，只有25%的人出国前为在职人员。在25%的在职人员中，工作年限的中位数为3年，大部分工作年限在1~3年，其中24.3%的人只有1年的工作年限，20.6%的人有2年的工作年限，12.1%的人有3年的工作年限。其余出国前工作年限大于3年的留学人员所占比例均在8%以下。

留学人员出国前学位主要集中在学士学位，即大部分留学生是在本科阶段结束后再到国外留学，其所占比例达57.6%。除了这部分留学生，高中阶段结束后就出国留学的学生比例也达19.6%（见图4-3）。可以看出，广州市留学人员出国前的学历是以本科和高中为主。

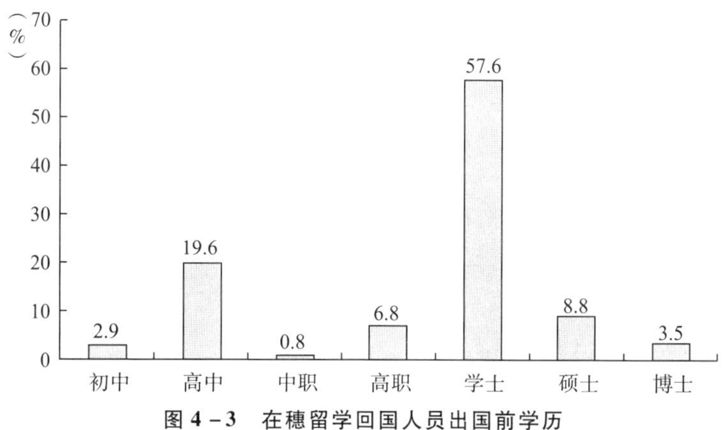

图 4－3　在穗留学回国人员出国前学历

二　留学费用来源及出国动机

（一）出国留学总费用在 11 万～30 万元

从留学总费用来看，留学人员留学总费用的平均数为 39.32 万元，中位数为 30 万元。从图 4－4 中可以看到，出国留学总费用主要分布在 11 万～30 万元，主要依靠父母资助或父母、子女共同负担。其中有 24.2% 的人出国留学总费用在 11 万～20 万元，24.8% 的人在 21 万～30 万元。这个数字也间接反映被调查对象在外学习时间以一年左右居多或以攻读硕士学位居多。

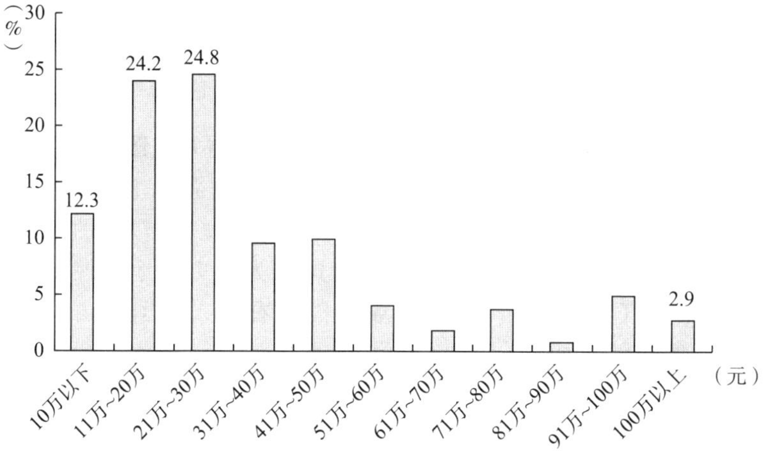

图 4－4　在穗留学回国人员出国留学总费用

（二）自费留学人员比例最大，公派留学人员占少数

从费用来源看，中国留学分为政府公派留学、单位公派留学和自费留学三种。从中国近十年的情况看，中国自费留学比例保持在90%左右，2011年自费留学比例达92.7%。[①] 广州的情况与之相符，课题组调查数据显示，在穗留学人员中，43.2%的人全部依靠父母资助留学费用，35.6%的人由自己和父母共同负担，6.4%的人全部依靠自己挣取留学费用，即总共有85.2%的人属于完全自费出国。而政府公派出国留学的人员比例最低，只有2.9%的人属于政府公派留学（见图4－5）。

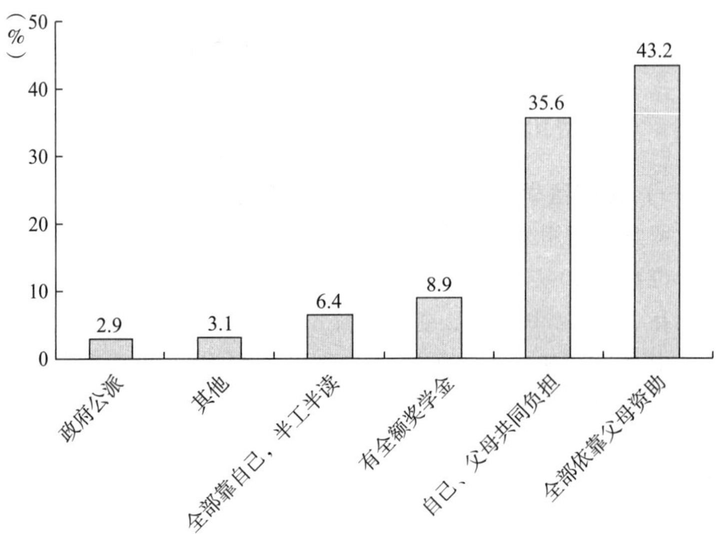

图4－5　在穗留学回国人员出国留学费用来源

（三）出国动机：为将来更好发展与开阔眼界是出国的主要原因

课题组调查数据显示，留学人员中：自我提升是主要原因，其中有85%的学生出国的原因是为将来更好发展；有73%的学生为了开阔眼界而出国；有45.1%的人出国是为了更好地掌握专业知识。相比之下，只有4.6%的学生是因为看别人出国而出国，因为父母要求而出国的人只占15%，除此之外，由于找不到工作或

① 《2011年度我国出国留学人员情况统计》，教育部网站，http://www.moe.edu.cn/publicfiles/business/htmlfiles/moe/s5987/201202/130328.html，2012年2月10日。

进不了好大学而出国的留学生比例分别只占3.8%和7.3%。可见，非自我意愿出国的人较少，大部分人都是理性选择出国（见图4－6）。

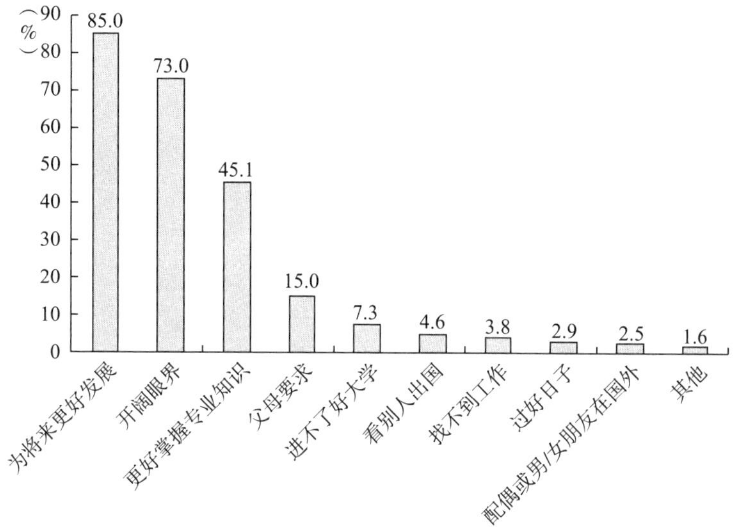

图4－6　在穗留学回国人员出国动机

三　海外学习经历

（一）主要留学国家：以英国、美国、澳大利亚为主

中国作为世界上最大的留学生来源国，留学人员分布在世界上100多个国家，其中以美国、澳大利亚、日本、英国、韩国、加拿大、新加坡、法国、德国和俄罗斯为主，此10国的留学人员占中国在外留学人员总数的90.7%。[①] 广州市留学回国人员留学的国家分布与全国情况相似，广州留学人员服务管理中心的数据资料显示，在穗留学回国人员留学国家以英国、美国、澳大利亚、法国、日本、加拿大、德国为主，其中英国、美国、澳大利亚为在穗留学归国人员留学最多的国家，所占比例分别为30.1%、16.1%和13.1%，三者合计达59.3%（见图4－7）。而根据教育部留学服务

① 《分布一百多国家　中国留学生127万冠全球第一》，《星岛日报》2011年6月19日。

中心发布的《2014 中国留学回国就业蓝皮书》①，中国留学生较多的国家是英国、美国、澳大利亚、韩国、日本、法国、加拿大等，占总数的90%，与广州基本吻合。相对而言，广州地区赴北美的留学生比例较高。除此之外，香港、澳门、台湾也是较为热门的地区，其就读学生比例分别为6.8%、2.8%和2.5%。

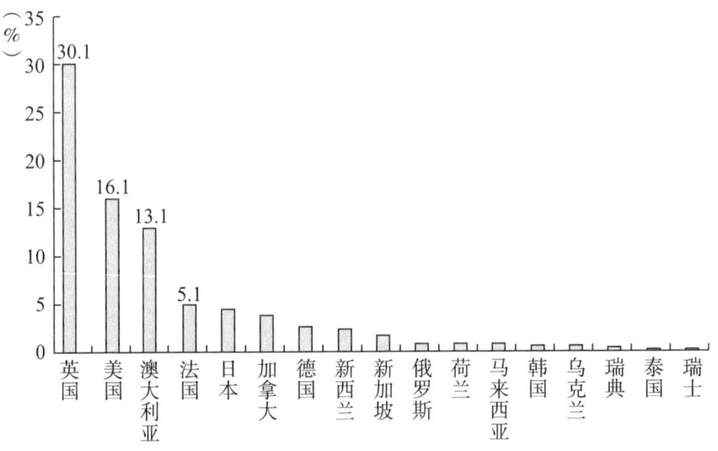

图 4－7　在穗留学回国人员热门留学国家

（二）留学专业渐趋集中化，商业管理专业为主体

留学人员以商业管理专业者居多，其比例高达41.7%，其次是自然科学和社会科学，所占比例分别为14.5%和14.3%。与出国前专业相比，自然科学、应用科学、人文科学和其他专业的学生比例都发生了下降，尤其自然科学和人文科学下降比例较大，而商业管理专业学生比例大幅度上升（见图4－8，图4－9）。可见，留学生出国时更愿意选择商业管理专业。根据全国的留学人员蓝皮书数据，留学人员选择最多的10个学科为工商管理、应用经济学、理论经济学、外国语言文学、艺术学、计算机科学与技术、管理学与工程、教育学、社会学、新闻传播学，以商科类和社会科学类学科为主。而博士留学回国人员的主要学科为生物学、化学、计算机科学、机械工程、材料科学、物理学、应用经济学、电子科学与技术、基础医学、临床医学等，以理工科类学科为主。

① 《〈2014 中国留学回国就业蓝皮书〉发布　英美澳最“热”》，《光明日报》2014年11月26日。

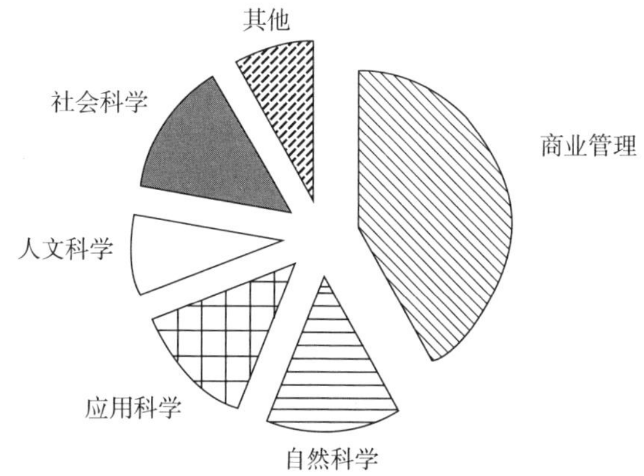

图 4-8　在穗留学回国人员留学专业分布

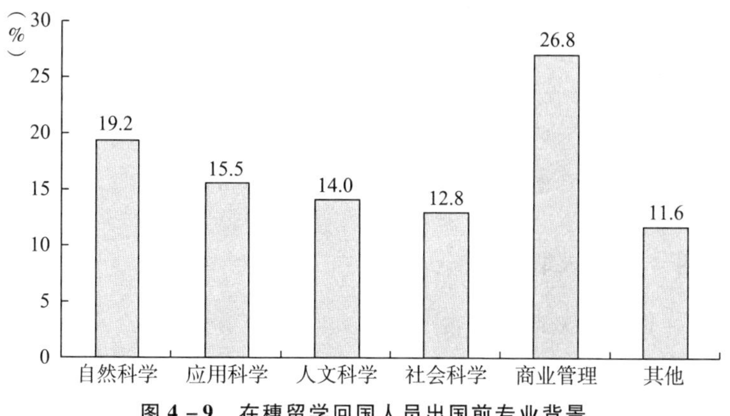

图 4-9　在穗留学回国人员出国前专业背景

在专业选择时，超过半数的学生是根据个人爱好进行选择的，与国内专业对口也是其中重要的影响原因，与之相比，只有 13.1% 的人将是否有利于回国找工作作为专业选择的考虑因素，可见留学生在选择专业时较少考虑就业因素。

（三）学历结构：以硕士研究生为主，博士及以上留学生仍相对较少

留学人员多获得硕士学位，所占比例达 67.9%，学士学位获得者所占比例也有 16.8%，而博士学位及博士后研究者的比例共有 12.1%（见图 4-10）。可见，目前广州市回国留学人员的学位层次较为符合广州市高层次人才发展的需要，但是博士及以上层次的

留学人员所占比例仍然相对较小。这与全国数据有部分差异：全国63%的留学回国人员具有硕士学位，30%为学士学位，具有博士学位的人数仅占6%。可见，广州的海外博士总体比例是较有优势的，硕士及以上学历者也高于全国水平。

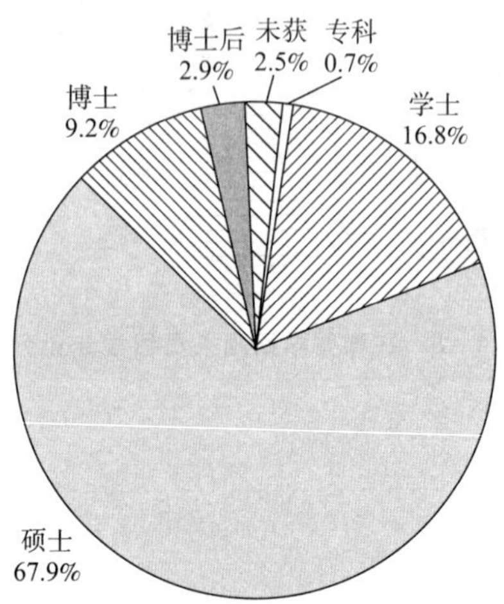

图4－10　在穗留学回国人员学历分布

四　归国入职经历

（一）工作及职位分布

（1）留学人员就业时更倾向于选择跨国公司

调查数据显示，在穗回国留学人员刚回国就业时更多人倾向于在跨国公司工作，占样本总体的36%，其次是选择在国有企业工作，其比例为17.9%，另外有13.8%的人更加倾向于在教学科研单位工作。

（2）留学人员实际就业时主要集中在私营企业、国有企业与跨国公司

根据调查发现，实际就业单位性质与留学人员选择意愿有所差距，他们回国后第一份工作的单位性质最多的是私营企业，其比例为25.8%，而刚回国时打算在私营企业工作的留学生只有7.5%，实际与意愿的比例相差18.3个百分点。与此同时，实际上只有24.6%的留学人员在跨国公司工作，与意愿在跨国公司工作的比例相差11.4个百分点。另外，在国有企业工作的人数比例维持在

18%左右，是留学人员就业的主要单位之一（见图4－11）。

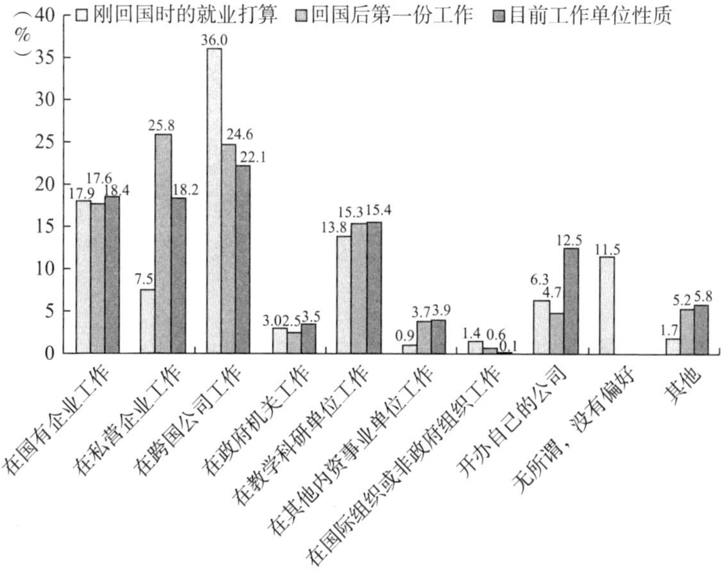

图4－11　在穗留学回国人员就业单位性质

（3）在政府机关、事业单位和非政府组织工作的比例较低

留学人员更多选择在企业工作，选择在政府机关、事业单位和非政府组织工作的人相对较少，目前单位性质为政府机关的留学人员只有3.5%，单位性质为其他内资事业单位的只有3.9%，在国际组织或非政府组织工作的人最少，仅占0.1%。

（4）留学人员多为单位业务骨干以上

从留学人员在单位的工作职位来看，公司或单位领导占10.6%，高级技术或管理职位者占17%，部门领导占7.4%，业务骨干占17.9%，即在穗留学归国人员在单位中处于业务骨干或领导职位的人数占53%。

（5）留学人员工作职位与专业、学历、有无境外工作经验和年龄都具有显著相关关系

首先，自然科学专业的留学人员更多担任公司（单位）领导职位或高级技术和管理职位（43.1%），更少作为一般员工（29.2%）；人文科学专业的留学人员则更少担任公司（单位）领导职位或高级技术和管理职务（14.2%），更多为一般员工（58.4%）；商业管理

居中（两类职位的比例分别是23%和43.5%）。其次，学历对工作职位的影响同样重要，学士、硕士、博士、博士后中一般员工的比例依次递减，分别为53.7%、46.2%、18.0%和10%。再次，有境外相关工作经历的留学人员担任领导职位的比例为19%，只有26.5%的人是一般员工，与之对比，没有境外相关工作经历的留学人员只有5.3%的人担任领导职位，却有51.3%的人是一般员工。最后，年龄与工作之间有显著相关关系，年龄越小，一般员工的比例越高；年龄越大，领导职位的比例越高。这与来自全国的数据基本一致。

五　薪酬及满意度

（一）留学人员对目前工作的满意度较高

调查数据显示，9.6%的留学人员对目前工作表示非常满意，有48.1%的人表示满意，即对目前工作持满意态度的人达到57.7%。与此同时，对工作持不满意态度的人总共只占5.2%，也有相当部分人认为目前工作仅是一般，其比例为37.1%（见图4－12）。可见，留学人员对目前工作的满意程度较高，也存在较大的提升空间。

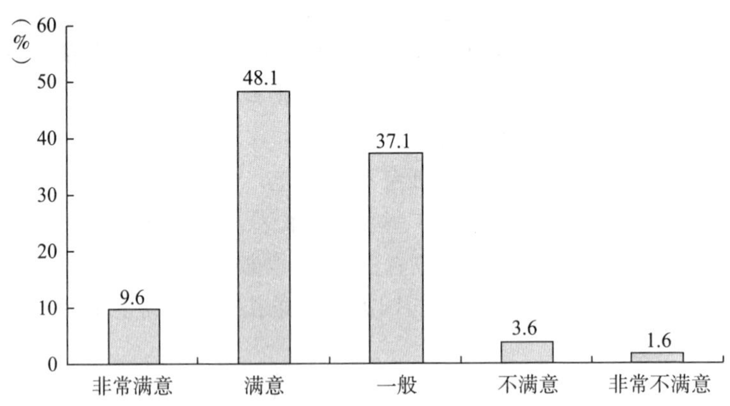

图4－12　在穗留学回国人员对工作的满意程度

（二）留学人员收入提高较大

从月平均收入来看，留学人员刚回国时的平均月收入集中在4000～5999元，人数比例达32.6%，平均月收入中位数为5000元，平均数为7235元；而最近三个月的平均月收入则集中在10000

元以上，人数比例达35.9%，平均月收入中位数为7000元，平均数为10828元，可以看出，留学人员目前的收入与其刚回国的时候相比，得到较大幅度的提高。同时，跟广州市的平均工资相比（广州市2011年的平均工资为4977元），留学归国人员的工资明显较高。

（三）留学人员薪酬要求与实际收入相匹配

大部分留学人员刚回国时的薪酬要求主要在4000～5999元，实际上同期平均月收入也在该区间。从最近三个月的数据来看，在穗留学人员的薪酬要求有所提升，但是其实际上获得的月收入也有提升，基本符合当期薪酬要求的情况。可见，留学人员的薪酬要求与实际收入情况是相匹配的。

（四）留学人员的收入差距明显，与年龄、专业、留学形式、学历和有无境外相关工作经验具有相关关系

留学人员的收入存在明显差距，从刚回国的留学人员月收入来看，最低为1000元，最高达30000元，后者是前者的30倍，同时刚回国时留学人员的平均月收入的标准差高达11896；从最近三个月的平均月收入来看，最低为1000元，最高则达35000元，二者相差35倍，标准差为16766。可见，留学人员的收入差距非常明显。

经过相关性检验，发现年龄、专业、留学形式、学历和有无境外相关经验与留学人员的收入水平具有显著相关。其中，从年龄来看，年龄越大平均月收入越高；从专业来看，应用科学平均月收入最高，其次是自然科学，再次是商业管理，人文科学收入最低；从留学形式来看，政府公派、全额奖学金获得者、全部依靠自己的半工半读留学人员、与父母共同承担学费的留学人员、全部依靠父母资助的留学人员的平均月收入是依次递减的，最高者几乎是最低者的2倍；从学历来看，学历与工资收入有显著相关，博士平均工资最高，是学士的2.3倍；从有无境外相关工作经验来看，有境外相关专业工作经验人员的月平均工资是无相关经验人员的1.7倍。

（五）留学人员薪酬要求与同等资历国内求职者基本相同，略高于国内求职者

调查发现，52.3%的留学人员的薪酬要求与国内求职者相差不多，但是薪酬要求高于国内求职者的比例也达40.8%。其中，6.5%的人远远高于国内求职者，34.3%的人稍高于国内求职者。

与之相比，薪酬要求低于国内求职者的比例较低，只有6.9%。可见，留学人员回国求职心态已趋平和，并不算“高不成低不就”，这与此前教育部蓝皮书在全国范围内的调查结果也是一致的（见图4－13）。

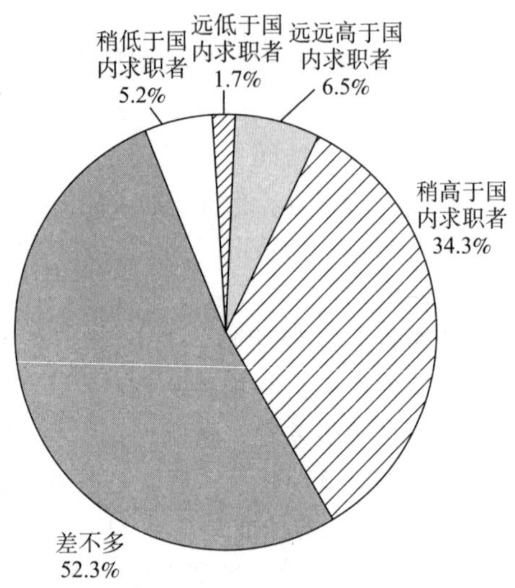

图4－13　在穗留学回国人员薪酬要求与同等资历国内求职者比较

第二节　基于案例的“海归归海”情况分析

作为侨乡腹地、改革开放的热土，以及中国第三大城市，广州这座花城无论是对于广东籍的海外华人还是原籍其他地区的华侨华人专业人士都有着巨大的吸引力。近年来，广州设立了高达10亿元的高层次人才专项扶持资金，出台系列引才政策，启动“广州市创新创业领军人才百人计划”，截至2013年底，广州地区有“千人计划”专家近100人，广州市认定高层次人才204名，广州市“创业创新领军人才”78名，各类留学人员创业园、科技企业孵化器59家，逾5万海外人才在这片热土上书写创业创新的篇章。[①] 在对于海外华人专业人才的吸引及接纳的过程中，广州逐渐形成了自身

① 沈仁：《用心书写人才服务工作新篇章——广州市人才服务工作综述》，《神州学人》2014年第3期，第41～45页。

的特色："留交会"成为城市国际人才发展战略的重要名片；留创园建设汇聚高端人才，成为科技创新的重要推动力；新利基经济带动下的小微企业成为海归创富的重要组成部分；而政府机构与事业单位的海归人才也厚积薄发，成为科研与管理队伍的生力军。

一方面，不断提升的城市影响力已对大量的华侨华人专业人士产生了吸引；另一方面，随着人才流动与政策开放度的加大，为数不少的海归又选择了再次出国或出境之路，即"海归归海"现象，这也属于"环流"的一种形式和阶段性表现。在选择与调试的过程中，每个人的出发点都有其个人原因，例如待遇、家庭原因、体制内环境不适应以及对未来政策的不确定性预期等。以下，将从两个案例分别考察"海归归海"的意愿及驱动因素。

J 教授案例：中国—美国—中国大陆（境内）—中国香港（境外）

J 教授是第二章案例中 W 先生的长兄，20 世纪 80 年代赴美留学，获哈佛大学经济学博士学位，在美期间获终身教授资格，曾兼任世界银行顾问等职务。受国务院前总理朱镕基之邀，2003 年 J 教授携家眷回到北京于清华大学任教，同时担任中国留美经济学会副会长等职，主要研究领域在组织理论、劳动经济学与人力资源管理、中国经济、货币与公共金融等方面，成果颇丰。在京期间，J 教授和钱颖一、李稻葵等人不但为国家的宏观经济发展出谋划策，也将清华大学经济管理学院中国经济研究所打造为中国顶级的经济研究权威机构。在国内知名大学担任客座教授的同时，这位海归学者还充分利用其弟 W 以往在欧洲的人际网络，在维也纳经济大学、华沙经济学院讲授 EMBA 课程。但是在北京定居一段时间后，J 教授忧虑于北京愈发严重的空气质量，一直向往华南地区相对温暖和宜居的生活环境。由于和中山大学一直有密切的交流，J 教授已在广州置业，时间允许就会到广州小住。但最终让他做决定的是长江商学院深圳分院的成立，J 教授决定在受职该分院副院长之际，举家离开北京，迁往珠三角。J 教授和家人曾短期地居住于广州和深圳，最终他们还是决定定居香港。主要是考虑到 J 教授的未成年子女一方面可接受香港国际学校的高水平教育，另一方面又不脱离华人文化圈进行学习。而住在香港对于J教授自己来说，除了能够享受香港相对完善的养老与福利制度，无论是到长江商学院深圳分院还是兼职的香港大学以及中山大学距离都不遥远。对此，J教授也曾经表示，对于他这种相对低调的学者来说，从国外回到体制内和政治中心，再到体制外，甚至居住到境外，确实感觉更适合自己发展。而目前他在活动地域上未脱离中国，同时发挥了专长，因此能够将实现自身价值与家人团聚、子女就学等多方面因素组合起来进行最优选择，不能不说是中国顺应国际人才流动趋势发展而带给他这类“海鸥”的一种便利，单选变为多选，因而可供发展的空间也更大。

（访谈时间：2014年7月10日、2015年4月23日，访谈对象：J教授胞妹，访谈形式：面谈）

GS公司员工案例：中国—美国—中国—加拿大

G公司是一家全球五百强企业，总部设在美国东北部。G公司设在广州的全资子公司GS公司主营在信息通信领域的业务，除公司的加拿大籍负责人外，共有25名中国籍正式员工。近期G公司拓展业务，希望将GS公司整体搬迁回美国总部并再招兵买马。由于美国地价较贵，临近G公司的加拿大安大略省多伦多地区能够给予更优惠的地价与优惠政策，该子公司决定搬迁到多伦多。新公司发展紧缺人才，负责人希望所有在穗的员工一并搬迁至加拿大，以最快速度办理好工作签证，并协助这些员工在加拿大安家，其中还包括了配偶和未成年子女陪同等事宜。愿意随迁的员工给予一切便利，包括升职及提升20%～30%的工资，工作开始即申请枫叶卡（永久居民身份），预计两年可以顺利申领，但两年内如果毁约终止工作合同将向公司赔偿安家费。对于很多员工来说，这是一条出国的捷径，既不需要自己申请技术移民，也不需要冒海外求职难的风险。负责此次公司大搬迁具体事宜的R女士认为机不可失，与她一样没有国外生活经历的中国同事还有13位都积极响应公司的举家搬迁计划；而有过海外生活经历的员工则想法不同。25人中，有7位员工有1年以上海外工作或学习经历。7人中，开始有3人决定跟随GS公司赴加拿大，最终3人中的2人改变了决定，共有6位决定留在国内。唯一的一位愿意重新“归海”的员工回国后曾有创业打算，但因为创业准备不足，特别是重新铺就人际关系网络这个环节难度大，又比较适应北美生活，遂决定随公司赴加。其他6位选择留在国内的原因较为相似。GS公司很多员工来自前全球通信业巨头美国M公司，该公司倒闭后很多员工前往美国学习充电，不少人拿到了绿卡才又返回中国，因此，这部分外企精英回到中国是经过深思熟虑的。对于他们来说，回国的一个很明确的原因就是家庭。一方面，他们曾经体验过海外工作生活中艰辛的部分；另一方面，自己与部分家庭成员的海外永久居民身份也早已取得，因此留在国内并不觉得可惜。第二个重要的原因是薪资待遇。以GS公司这类实力较强的外企为例，如果不升职，每位正式员工在国内每年的薪水升幅达10%左右，而在美国和加拿大同等条件下薪水升幅是1%，因此选择不赴加的员工在其他同档次外企正常情况下两三年后也有同等的薪酬。无独有偶的是，GS公司业务量大，采取业务外包的方式经营。以分包GS公司为主业的D公司在多伦多附近也有分点，因此该公司十分希望有员工也能够到加拿大工作，继续承包GS公司的业务。但由于D公司平时的薪金水平就低于GS公司不少，而该公司并未给员工赴加后加薪的承诺，因此竟没有一位员工有赴加工作的意愿。

（访谈时间：2015年8月30日，访谈对象：G公司员工R女士，访谈形式：电话访谈）

从上述与广州有关的两个案例以及第二章中W先生最终返回北美的案例来看，回流祖籍国并不一定是众多海归的最终归宿，“海归归海”也已经成为国际人才环流中的一个屡见不鲜的现象。很多人都是以“海鸥”的状态在不同时期随着事业与家庭等多重因素变化而生活在不同的落脚点的。随着中国经济与社会发展在多个层面和世界各国的交融碰撞，海外华侨华人专业人士衡量落脚点标准的变项增多，选择更趋多样化。因此，在最后一个案例中，不同的海归对于“归海”也就产生了不同的选择。然而，从不同的案例

中仍能发现一些共性与新动向。

第一，“海归归海”在一定程度上反映了目前海外人才在国内遇到的某些不利因素。趋利避害、扬长避短是人的本性，触觉敏锐的华侨华人专业人士也不例外。尤其是在具有良好的外语水平并且对海外生活与工作方式较为熟悉的情况下，专业人士一旦在中国的生活和事业遇到阻滞，再次去往国外（或境外）是一个很自然的选择。有些困难可能是较为普遍的，例如在事业方面发展未如理想预期，收入与海外不对等。这实际上是年轻的留学生或者“小海归”面临的普遍问题。“2015 年中国海归就业与创业报告”显示，海归的工作满意度偏低，虽然有 36.4% 的人选择满意，但有 46.4% 的人对目前的工作不满意，选择非常满意的仅有 1.2%。同时在被调查人员中，80% 的海归认为现有薪资水平低于预期。76.5% 的海归回国后有跳槽的经历。① 又如回国之后人际网络因出国期而断裂，这对创业者来说是等同于缺乏资金和运行成本过高的致命问题，GS 公司那位选择再次“归海”的员工就属于这种情况。此外，人才引进政策与配套实施不匹配、体制内管理僵化，甚至空气质量与食品安全等都可能成为海归选择“归海”的原因，具体会在下一节中详述。

第二，流动是一种为自身增值的方式，而跨境流动更显现了专业人士强大的适应能力与国际素养，并非所有“海归归海”都是不利因素导致的。J 教授作为专业人士中的精英代表，其自我价值的实现是流动行为的一个极大主导因素，虽然空气环境等原因的确影响生活质量，但是 J 教授从美国回国，从首都到珠三角，再选择居住境外，并没有以牺牲自身事业为代价。相反，他在实现自身价值提升的过程中在众多选项中灵活选择了最有利于自身和家庭发展的组合方案。而能有这么多选择的前提是 J 教授高超的专业水平与境内境外流动的自主性。大多数时候，人才拥有流动的资本与底气才敢于流动。跳出原有的环境，正是因为可以在新的环境下不断创造价值，而这又为这类人才往下一站的再流动增加了增值的筹码。正所谓“人往高处走”，对于 GS 公司赴加的 14 位员工来说，他们集体升职在北美开拓市场后，无论是继续在海外工作还是回国，履历

---

① 《留学大数据：近五成海归不满意国内工作》，《羊城晚报》2015 年 8 月 31 日。

都会提升一个档次。而第二章中的 1.5 代移民 Y 女士如今在 NBA 中国分部的工作有声有色，无论今后在何处就职，例如今后回到北美，其薪酬与职级也不是当年一直留在当地可以同日而语的。从这些例子不难发现，其实“海归归海”就如同回流一样，并不是一个终点，可能仅仅是一个“中点”，甚至是一个新的起点。

第三，信息畅通与交通便利等有利条件，使得人们敢于尝试，降低“试错”成本。在信息传播速度惊人的网络世界，人们可以通过多种渠道了解自己不熟悉的国家与地区，而一个新地点、新工作是否适合自己发展也可以通过前期（短期）的适应去淡化疑虑，做出的决定也不再是盲目且不留后路的。比如一名专业人士有移居他地、转换环境的想法，不会再像二三十年前的国人一样破釜沉舟，完全可以通过旅游、短期交流、项目合作的形式来了解新环境，同时从网络世界与社交平台也能够获取更及时的信息。因此，越来越多的专业人士在流动中显得更加从容与深思熟虑。上述案例中的 GS 公司 7 个有海外生活经历的员工中有 6 个暂时选择不再“归海”，在某种程度上也是见多识广的表现。除了个别人觉得惋惜，大多数人表示这是权衡再三的选择，因为他们中的不少人对西方生活方式“并不感冒”，而且以前或以后都有很多机会以出差或旅游的方式出国。对于自己和家人是否能够长期适应北美的生活，他们比那些没有去过的人更有发言权。因此，在中短期出国并不那么困难的情况下，对于同时拥有专业能力与外语能力的专业人士，尤其是有海外生活经历的人来讲，“海归归海”也并不是一件难事。而是只要选择合适的时间、地点与方式，他们可以相对自由地“归海”，当然前提是也能够自由地返回大陆。

第四，中国的发展使得“海归归海”将与“人才回流”一样成为常态，这绝非发展的倒退，而是一个国家开放度的体现。以往，只要谁拥有去往发达国家工作的机会，就意味着高约数倍甚至十数倍的收入，而今天这种差别正在缩小。中国大中型城市的专业人士，例如外企精英，由于工作能力强、创造的利润多，尤其是升到一定职级，收入是非常可观的。如前所述，很多外企给中国员工每年工资的升幅定在 10% 左右，而在同一家跨国公司其他国家的涨薪幅度则要视该国经济发展速度和货币价值而定，美国近年来仅在 1% 左右。这无疑证明，中国这一当今世界发展最快的经济体创造的价值与财富是有目共睹的。那么同时，人才的任用、发挥与流动也应当与经济发展速度和规模相匹配。海外人才既然能够“回流”就可能“归海”，也可以“再回流”，他们总在朝最适合自身发展的地方流动。那么只要中国经济保持稳步增长，华侨华人专业人士流动的脚步就不会停歇，中国依然是他们重点考虑的对象，毕竟这是他们容易将特长和优势充分发挥的、充满机遇的、又联系着骨肉亲情的国度。

通过一个城市的人才回归数据与“海归归海”问题上的选择可以说明，华侨华人专业人士长期或者短期的回归是一个大趋势，而再次流动前往海外（甚至不一定是以往居住过的国家和地区）的频次也将增多。固然每个人的抉择当然带有许多无法逆转的自身特殊因素，但作为城市的管理者和人才政策的制定者，就是要认识到这种趋势的长期性，做好更长远的吸引人才的方案。对于广州市来说，可以更好地对接地方产业集群特点，发挥已有的优势，及时寻找不足之处，紧密结合世界人才流动的趋势，为城市的人才国际化之路奠定坚实的基础。

第三节　华侨华人专业人士回流与环流中出现的问题

笔者与课题组成员通过对广州地区各类型华侨华人专业人士的访谈，并结合春晖杯、广东省侨办、广州留学人员服务管理中心的多项调查之后发现，他们在回国就业的过程中虽感受到政策环境的逐步人性化，但仍遭遇了这样或那样的问题。其中有一些问题是各地政策上的通病，有一些则是由于自身条件而产生的水土不服，还有一些则是观念上的积习难返。并且，这些问题不仅仅是出现在广州，在全国范围内都有一定的代表性。而上一节所述的“海归归海”的部分原因的确就出在以下这些问题上。

一　相关政策欠缺全局性与长远性，具体配套不到位

目前国家层面已经出台了许多政策对华侨华人专业人士回国就业给予支持，但是由于地方政府执行政策时会遇到分散性、流动性强，不稳定等困难，尤其是大多数地方政府仍难以在人才工作中加

大对环流人才——“海鸥”的引进力度。

第一是政策的制定和落实缺乏全局性。在对于留创园海外归国创业者的访谈中，60%以上的人保留了外国国籍或永久居民身份，实际属于人才环流中的“海鸥”。目前除江浙地区明文确定了“海鸥计划”，武汉等中部地区有类似的提法，如北京和珠三角等发达城市和地区的海外人才引进政策中还尚未针对“海鸥”做出明确界定，更没有为其专门颁布管理办法。在大多数管理办法中，地方政府大多对高层次“海鸥”做出了回应，但仅以一种特殊情况列出，明确的导向则是希望人才全职回国服务。以《广州市鼓励留学人员来穗工作规定》为例，在其中的第十五条提到了针对高层次的加入外籍的留学归国人员的管理办法，说明服务的主要对象也仅限于官方认可的高层次“海鸥”。在访谈、调研中发现，相关部门对于海归人才的管理尚有很多难点，对于那些不登记、不备案，来去不受限制的“海鸥”的管理更是难上加难。对于已在国内登记注册的“海鸥”来讲，他们的分布较为分散，一些水土不服的“海鸥”初创型企业在面临政府部门公关、销售市场形势不利时很容易因失败而流失，因此很难跟踪。此外，人事部门往往想尽一切办法争取留学人员全职回国工作——这是他们的工作主要业绩所在，而海外高层次人才兼职性质的合作则沦为次要任务。至于那些与国内企事业单位无合同约束，来去自由的“海鸥”的流动情况，仅被视为个人行为，除出入境部门可能记录在案外，其他部门无暇顾及，处于“三不管地带”。还有一部分“海鸥”，实际是长期进行着“飞来飞去”的跨国行为，保留了外国永久居民身份，为了享受国内的优惠政策，必须把户口、人事关系放在国内，要满足大多数地市一年内6个月甚至9个月以上的国内工作时间的要求，无法把实际出境情况告知人事部门，担心被取消优惠资格。

第二是政策的制定与执行缺乏长远性。目前多地已经将部分海外高层次人员列入了短期和阶段性引进的计划，也制定了配套的鼓励政策。但是在实施过程中，其中的一些业界领军人物本来是希望借此探路，寻求长期合作甚至全职回国的可能性，却遭遇了许多急功近利的做法。由于大多数人才引进政策的任务性、指标性很强，很多地方均是以指标论业绩，等到引进的后期则失去了持续性。而对于“海鸥”群体的一些困难与要求，比如家庭团聚、子女入学、

出入境手续简化、医疗保险和社会福利等没能够给予足够的关心。在对于如何吸引海外高层次人才的工作的建议中，99%的人的第一选择是“增加创业资金扶持力度”。此外，不少人对于提高政府行政效率、完善户籍和居住证制度、子女户籍及入学、增加企业用地等方面的问题也表示应尽快解决。对于他们所参与的项目，很多人表示缺乏后续和滚动的支持，对于科技领军人才的发挥没有给予充分的思考，在项目后期也缺乏足够的指导。因此，不少高层次专业人才在短期合作之后，感觉政策和配套服务都缺乏长远性和可持续性，自身的作用没有得到较好地发挥，流失率比较高。总而言之，在中国大多数地区，政府部门对于全职回国的留学人员的扶持政策尚处于完善阶段，很多细节问题有待解决，因此目前还没有将“海鸥”人群纳入海外人才引进的重点工作中，因而政策在短时间内也无法向这类人群倾斜。而由于工作重点不在此处，即使国家已经有框架性的吸引高层次“海鸥”人才的办法和形式，地方政府主管部门对于这类人群的支持尤其是长远性的支持也就较为乏力。

二　专业人士出现水土不服及不稳定性，亟须自身的调试

在调查访谈中，水土不服的问题集中体现在就业与创业两个方面。诚如前文的调查数据显示，超过半数的学生留学国外时根据个人爱好选择专业，只有13.1%的人将是否有利于回国找工作作为专业选择的考虑因素，这也就造成他们归国后求职时必然与预期产生落差的结果。有留学机构预测五年后归国人数将可能会超越出国人数，到时留学人员求职市场必将出现更大的拐点。按照目前总体趋势，经济与管理类的留学生越来越多，而理工科尤其是应用学科的人才仍非常紧缺。相对来讲，没有海外工作经验、没有人脉、专业水平不突出的一般技术移民和资历尚浅的留学生将会遭受到就业市场无情的大浪淘沙，如果不摆正心态很难觅得一份合适的工作。

其实，无论是硕士学历以下的留学人员还是相对高学历、高知识层次的海外专业人士，在选择回流或环流落脚点时，除了要考虑当地的综合环境、人脉等因素，也需要认真地考察该地区的产业发展是否能与自身专业相契合。对于创业者来说，如果所选择的地区与行业有关的上、下游产业链不完备，也势必影响其营销市场。以

广州为例，根据《广州市中长期人才发展规划纲要（2010－2020年）》，未来广州市发展方向对于人才的需求主要集中在装备制造、现代交通运输、信息技术、现代物流、新材料、新能源、金融财会、生态环境保护、生物技术、国际商务、会展、文化创意等社会经济发展重点领域，而这种发展方向也会相应地与珠三角内及周边城市形成错位发展、功能互补的局面。因此海归与“海鸥”们应确定当地的优势产业与发展趋势，才容易更有的放矢地施展自己的专业特点，扬长避短。

对于高技术、高层次的初次创业海外专才来讲，不论是全职归国的海归，还是回国兼职的“海鸥”都可能由于政策、观念、环境和资金问题，产生水土不服。以笔者在广州多个留创园进行的访谈为例，真正称得上成功的企业不到20%。仅在刚进入孵化器前期阶段，很多人就可能遭遇优惠政策覆盖面窄、阳光未照到的部分运营诸多不便等困难，甚至在此阶段很多企业处于净支出无收益的状况；大部分在孵化期的企业尚在积累和增长，很多人表示创业之际缺乏准备，而一些携带高科技从海外归来的人士过于强调技术，没有深入研究当地的产业环境、资源和产业链，缺乏团队支撑，对于市场终端的研究投入不够，加之自身还无法较好地进行角色转换，孵化期之后政府或者园区的后续支持乏力，缺乏引导，一旦遭遇瓶颈，有些创业者就难以克服。在配套管理和服务方面，有的园区管理者来时笑脸相迎，可水电费迟交两天都要拉闸，着实让一些空有专利技术却无用武之地的技术专才心寒。在调研中，处于不同发展阶段与发展规模的海归创业高科技企业掌舵人中有95%以上均表示创业中最大的瓶颈是企业开拓市场能力不足。可见，缺乏管理经验的高科技企业自身能否适应市场的发展变化，是否能与当地环境良好地融合，的确是值得管理者思考的问题。

三　长期以来的行政化痕迹过深，掣肘人才积极性的发挥

应当说，中国积极的国际形象正在日益深化，而政府的缺乏效率与过度行政干预的形象也在日益淡化，这对营造华侨华人专业人才回国的氛围，正发出积极的信号。但是长期以来，很多接受了西方价值观与行为准则的人惧怕回到体制内，不愿意与政府官员打交

道的确也是不争的事实——在人才培养体制和用人机制上仍存在诸多弊端，甚至在一些本该与行政无关的科学研究等领域，人为的干预、不合理的项目与经费分配安排等现象仍然是不可回避的。著名海归学者施一公和饶毅曾在2010年的《科学》杂志上撰文表示，尽管中国政府投入的研究经费以每年超过20%的比例增加，本该使中国在科学研究领域取得突破性的进步，并与国家的经济的增速相辅相成，而现阶段为何中国科学研究并未达到预期的发展程度？究其原因是研究经费分配的不合理问题减缓了中国潜在的创新步伐。而这种现象的背后，部分来自体制，部分来自文化。由少数人主导的科研项目管理编制及经费分配体制使得这种自上而下的方式压抑了创新——一些研究者不得不忙于经营关系，却没有足够时间参加学术会议、讨论学术问题、做研究或培养学生。这一潜规则也在优秀的海归学者中不断渗透，他们中的大多数人如果想继续留在体制内，就必须学着接受这一事实。①

而不仅仅是在科研领域才有少数人占据学术资源的情况，目前中国的确在人才的选用、提拔、考察过程中还事实存在诸多不透明的体制性的弊病，因此尽管各地公务员队伍中的海归比例正在呈上升趋势，但目前一般不超过5%。此外，现状显示：由于去行政化之风尚未真正深入事业单位体制改革中，海外人才回国后，只要在体制内的单位供职，只要官方是认可的，就最好要以给予行政级别的方式来对其肯定；而一个海外人才即使不在体制内单位，如果要争取政府更多的政策支持，也必须与行政机关的某些领导建立更紧密的关系，而这在某种程度上甚至比开拓产品市场和服务对象更为重要。更有甚者，一些地方政府的职能部门建立了地方保护主义的壁垒，或是为了追逐部门私利同时充当裁判员和运动员角色，诚信失范等，以上种种必然伤害了华侨华人专业人士回归就业与创业的积极性。

在这种情况下，很多处于黄金年龄段的海外优秀高层次人才本应当排除杂念，全力以赴地创造其事业巅峰，却囿于体制的弊端与长期以来“官本位”的文化潜规则而违心地附和当前仍然浓厚的行

① Yigong Shi, Yi Rao, “China's Research Culture,” *Science*, 2010, 329 (5996), p. 1128.

政化与官僚化氛围，浪费了大量时间和精力，也致使创新产出打了折扣，影响了效率与公平。

小　结

根据广州地区的调查数据，由此区域输送出去的以及正在回流与环流的海外华侨华人专业人才数量较多，且较为活跃；相对而言，由于历史传统，广州地区赴北美国家的移民与留学生比例高于全国，在一定程度上能够代表北美华侨华人专业人士在中国大陆回流及环流的情况。在对广州地区留学生回流情况、“海归归海”等案例进行分析之后，总结出近期广州地区乃至全国华侨华人专业人士发展的最新态势，那就是：随着国际人才流动的加速与专业人士群体的壮大，回流、环流都会愈加频繁，并成为常态。我们应当动态地去理解这一系列现象，分析华侨华人专业人士在流动中遇到的问题，从而吸引这类人才，支持与鼓励他们的柔性流动。

第五章

策略与应对——完善华侨华人专业人才流动的机制体制的建议

当今世界，人才在国际的流动不仅仅是个人或者某些小群体偶然的行为，专业人士尤其是国际高层次人才的跨国、跨境流动势必引起的是世界各国对于人才的争夺战。正如王辉耀所断言：“移民制度是战争的武器。”只有充分了解这种悄无声息而又狼烟四起的战争中人才对于国家战略的意义，知己知彼，方能不断地完善人才吸纳中出现的问题，因地制宜抢占人才战争的高地。

第一节　将华侨华人专业人士纳入我国人才战略的意义

全球化进程开始以来，新兴国家与地区的崛起无不拥有一个共同的特征，那就是拥有庞大的海外本族裔人才。从早期的美国、加拿大、澳大利亚到日本、韩国、新加坡，再到现在新兴的金砖五国都遵循着这一规律。与之相反的是，中东不少石油输出国虽然富有，但主要依靠外籍劳工，庞大的外来人口虽然创造了财富却不能帮助他们进入新兴大国之列。[①] 可见，重视海外族裔人才，将这颗重要的棋子放置于国家人才战略的棋盘中，是促成人才资源为己所用的关键。

因此，首先有必要深入了解华侨华人专业人士在我国人才战略体系中的重要性，而无论他们中的个体尚在海外还是已经频繁地存在跨境流动，都非常值得持续关注。

---

① 王辉耀：《国家战略——人才改变世界》，人民出版社，2010，第8页。

一　华侨华人专业人士是促进国际资本流动的渠道

“跨国资本”是相对于基于国内联系的“社会资本”而提出的，[①] 这里既包括商业资本，也包括人力资本，还包括技术资本等，这些资源在国内可能是相对稀缺的，海归和“海鸥”们却往往可以将知识、技能或者关系网整合成个人独特的资源或是人际关系网的一部分。而海归对于自身“跨国资本”的运用必须基于环境与机遇，比如所在国家与地区政府或相关组织能够创造有利于其发挥比较优势的资源，从而对于自身和接收方来说都能形成双赢的效果。

通过运用“跨国资本”，华商不仅将流动资金引入了我国现代化建设中，其新型的投融资的方式为我国很多新领域带来了商机，也随之带来了前所未有的管理模式和高新技术。同时，全球直接投资快速增长，特别是占全球直接投资80%的跨国兼并在过去10年增长了将近10倍，从而使跨国公司在全球范围内重新配置其管理人员和技术专家，[②] 公司内部跨国流动的人员大量增加，华侨华人专业人士在此情形下的流动必然也会造成人才回流与环流的加速，这种人力资源流动在一定程度上增加了输入国人力资本的存量；反之，人力资本的流动又能够促成国际投资与贸易的增长。以上种种资本的快速流动对输入国来讲无疑是刺激经济、盘活资源的一种助推力，而中国无疑是这种趋势下的受益者。

二　华侨华人专业人士是推动科技与管理创新的加速器

华侨华人专业人士通过在海外的学习与工作，积累了国际先进经验与技术，因此无论是全职回国还是兼职参与项目，他们在行业内都是专家，具有较高的专业性和引导性。在科学研究领域，很多具有华人血统的世界顶级科学家将尖端技术与前沿学科带入我国；而在高科技应用领域，有志于自主创新的华人精英们则成为经营自

① David Zweig, Wilfried Vanhanocker and Chung Siu Fung, “Transnational or Social Capital? Returned Scholars as Private Entrepreneurs,” in Anne S. Tsui, Yanjie Bian and Leonard Cheng, eds., *China's Domestic Private Firms: Multidisciplinary Perspectives on Management and Performance*, Armonk, N.Y.: M. E. Sharp, 2006, pp. 65－81.

② 柳毅：《全球高级人才跨国流动的新趋势》，《国际人才交流》2009年第9期，第26～27页。

己研发产品的企业家；在大型跨国公司，华人高级经理人与业务骨干纷纷来到大中华区任职，以西方人无法比拟的优势在祖籍国开展管理工作。在此基础上，无论是在国外习得的先进技术还是后期合作研发的项目，只要能在我国开花结果就是技术的良性扩散。而华侨华人专业人士在中国的投资和创业实践，管理思维无疑对我国的民营经济发展产生了先导和溢出效应。例如中国最早一批的“天使基金”就始于对海归高科技企业的护航，而被誉为“中国引入高科技产业风险基金的第一人”的熊晓鸽就正是一位对中国市场独具慧眼的华人风险投资者。

在中国建设创新型国家的过程中，华侨华人专业人士敢于开拓创新的精神，尤其是创业型海归与“海鸥”的实践正在引领着整个社会的变革。最直接的变革就是这个人群所代表的科技发展的方向引领了产业升级，缩短了过剩落后产能的淘汰周期，IT、新能源、生物工程、文化创意等朝阳产业方兴未艾；除了拓展创业领域，海归和“海鸥”在创业中不仅带来了新技术，还将新的管理理念与模式融入企业文化之中，例如更加平等的价值观、“人本精神”、终身学习理念以及利基市场营销思维等，这些新元素推动着中国社会的商业文化变革，也潜移默化地影响了新一代从业者的职业道德与创业理念。

三　华侨华人专业人士是构建中外交流合作的桥梁与纽带

中国与其他国家之间无论是从政治、经济还是从文化角度切入合作，最天然的纽带和中介就是该国的华裔。而众多海外华侨华人凭着自强不息与勤奋拼搏的精神，在各自的工作领域体现了自身价值，创出了一片天地，他们中的很多人更是业界表率、华人精英。与此同时，这类精英往往还心怀祖国，有着强烈的故土情结，希望能尽自己所能促成居住国与祖籍国之间的交流与合作。在华人新型社团日益兴旺的今天，大型华人社团及其领军人物往往也在交流合作间起到了穿针引线的作用。

华侨华人专业人士社团发展至今日，其经济、科技、文化领域的社团功能日渐突出，而凡是这类社团中的重要工作，也往往涉及促进工商业人士联谊、主办洽谈会、文化展览、慈善活动以及促进经贸合作等方面的活动，对于国与国之间热点领域的交融互通正发挥着良好的作用。而随着信息、交通与科技手段的便利，行业内一些有号召力的个人以及其所属的一些大型专业社团，往往还能利用自身的业缘网络与影响力促成人才交流与合作，甚至成为中国进一步引进优秀海外人才的平台。除此之外，华侨华人专业人士不单将优质资源“引进来”，还发挥着实施中国经济与中国企业“走出去”战略的推手作用——除了协助海外直接投资，还会经手与所在国政府及相关机构进行联络、产生对接等一系列后续问题。当然这也正是华侨华人专业人士及所属组织的优势，能够充分发挥其衔接与协调的作用。

四　华侨华人专业人士是我国开拓公共外交的重要载体

华侨华人专业人士熟悉东西方两种文化，能够较好地运用两种或以上语言，他们的学历与综合素质较高，近年来在政治领域也日益活跃。不少华侨华人中的有识之士致力于在居住国参政议政，积极融入主流社会、参与公共事务，并认为由此才能消除华人遭受歧视与不平等的根源，[①] 争取更多的权益。在逐渐获得主流社会认可的同时，他们不但向西方宣传着华人自身作为少数族裔的正面形象，同时也义不容辞地承担了向所在国国民与政府传递中国积极信号、提升中国国际影响力的重任。

在国际舞台上，一些华侨华人精英人士活跃在人们的视野中，他们原本在自己的专业领域中已功成名就，却还时刻关注着中国与所在国之间的关系，常常为双方政府建言献策，成为民间外交的友好使者。而一些著名的华人精英社团，例如“百人会”“80/20 促进会”等凭借自身的优势与影响力，对其所在国的政府、国会、智库与主流媒体展开公关，以多元化的方式参政，积极推动双边及多边关系，并反对各种形式分裂中国的言行，使国际社会更加了解中国的和平统一事业。由此可见，华侨华人专业人士是我国民间外交的重要力量，也是展现与提升我国软实力的重要传声筒。

五　引进华侨华人专业人士是我国实现人才红利的重要手段

2012 年，全国人口普查数据显示中国已进入老龄化社会，人口

① 《海外华人的素质问题——提升华社“软实力”仍需一种转型》，英国中文网，http://www.enchinese.com/，2011 年 6 月 12 日。

红利消失殆尽。处在这一拐点，如果想要充分地释放人才红利，就必须加快引进优质人才的步伐，这其中就包括引进国际人才，从而抓紧对华侨华人专业人士的吸纳工作也就更加应当提上决策者的日程。华侨华人专业人士的构成目前以新移民及其子女居多，而他们的年龄尚处于能够创造最大社会价值的阶段。根据调研数据，已归国的就业型海归中76.3%属于80后；而创业型海归中，80后、70后和60后分别占比34.9%、27.5%和27%。[①] 作为处于黄金年龄、最具有国际视野、最富有创新能力与专业精神，又相对了解中国国情的一个群体，华侨华人专业人士确实属于不可多得的人才资源。

中国正处于经济增长与社会变革的转型期，在此期间，人口红利将向人才红利转变，“中国制造”将向“中国创造”转变，势必要考虑应从面向国内人才资源到面向国内国际两种人才资源转变，而以往侨务工作的重点也应由招商引资向招才引智转变。人力资源不等于人才资源，尽管我国拥有全球第一的人力资源，专业人才还是相当匮乏，尤其是高精尖的国际化人才无论是在总量还是在比例上都是奇缺的。因此，应当不遗余力地吸引华侨华人专业人士回国服务，鼓励他们以各种灵活的形式参与经济建设，创设更适合他们发展的制度环境，从而产生良好的辐射作用，以吸引更多的优质海外人才。当然，随着我国经济实力与国际影响力的日益增强，对于国际人才的需求不可能仅仅是华侨华人，应拓展为一切能够促进中国社会经济发展的国际型人才。而如果有良好的制度作为保障，将会使今后的人才引进之路更加通畅。

第二节　其他国家吸引技术移民的人才政策借鉴

王辉耀等人对我国未来国际人才格局提出了如下的战略构想：2020年我国留学生总回归率应达50%，中国出生的海外人才中高层次顶尖人才应有70%拥有我国绿卡或国籍，加上保持经常性回国访问及进行不限形式的联系与合作的人才环流群体，应达到80%；

① 王辉耀、苗绿：《中国海归发展报告（2013）》，社会科学文献出版社，2014，第33页。

实现每年20万“人次”海外人才入籍或获得绿卡的长期引进，每年在我国学习的外国留学生达30万，以及40万“人次”外国专家的短期引进。[①] 而与之相对应，更多的国家也正在雄心勃勃地发展他们的海外人才引进计划，例如英国在20世纪末就提出了“争取到全世界四分之一留学生”的目标，并正在朝这一目标迈进。他山之石，可以攻玉。了解与借鉴其他国家的经验，尤其是如何吸引技术移民、管理技术移民，以及新型经济体如何使外侨中的精英为其所用，正是中国结合自身实际，调整与加速国际人才引进策略的依据。

一　传统移民国家的技术移民政策

美国、加拿大、澳大利亚及新西兰是传统意义上的移民国家，这些国家也正是由于移民才得以发展壮大的，而它们也拥有世界上最完备的移民法律体系，便于在不同时期筛选不同类型的移民进入其国民体系，发挥最大效应。以美国、加拿大、澳大利亚为例，它们对技术移民都有非常大的偏重，这三个国家每年有10万人左右的名额分配给技术移民，而投资移民年均只有2000人左右。如果将技术移民和投资移民都列为经济移民，并将其配偶子女划入其中，实际上这些国家的绿卡半数以上都是为经济（职业）移民群体而准备的（见表5－1）。

表5－1　移民型发达国家技术移民占移民批准总额

单位：万人，%

国家		2008年	2009年	2010年	备注
美国	移民总数	16.65	14.4	14.8	不包括移民配偶和子女
	技术移民比例	15	12.7	14.2	
加拿大	移民总数	10.4	9.6	—	包括移民配偶和子女
	技术移民比例	42	38.05	—	
澳大利亚	移民总数	10.2	10.7	140.03	包括移民配偶和子女
	技术移民比例	74.28	62.68	59.45	

资料来源：王辉耀：《移民潮——中国怎样才能留住人才?》，中信出版社，2013，第91页。

① 王辉耀：《国家战略——人才改变世界》，人民出版社，2010，第123页。

（一）美国

1952年《移民法》、1965年《移民法》及1990年《移民法》的出台，奠定了美国移民政策为人才战略服务的基调。目前，美国遴选人才的主要原则是那些受过高等教育并有突出才能的各类高技能人才以及能在美国进行投资或创造就业机会的经济移民连同其家属将会被优先考虑。1990年，美国增加了H－1B非移民签证数额，该类签证属于工作签证，必须由美国雇主为外国公民进行申请，而前提是要具备高学历或高技能，这是技术移民尤其是高技术人才进入美国的一条直接渠道。除了经济移民和工作签证，美国还有一种招揽海外人才的手段就是留学生政策。近10年来，美国每年接受的外国留学生都超过50万人，美国37%的博士学位获得者并非美国公民，尤其在科学与工程领域，1/3或以上的博士都是外国人。[①] 他们也是H－1B签证申请人的重要构成部分，当然如果当年该类签证名额已满，部分学生还可以通过"杰出人才"和"国家利益豁免"类别申请绿卡。时至今日，外国留学生留在美国似乎已形成了一个常规模式：毕业—求职—申请签证—申请绿卡—申请入籍。对于那些不是非常想在美国生活或是其能力有限，无法在美找到合适工作的留学生，将会因签证到期而选择离开美国国境。

"9·11"事件曾经使美国的海外移民引进速度放缓，但世界其他国家并未放松对于海外人才的吸引力度。随后的十余年中，美国又逐步调整移民政策。在2013年，H－1B签证又从6.5万份上调至11万份；如果这类工作需求增多，甚至上限可能上浮为18万份；同时开始实施积分制"绿卡"（Merit－Based Point System），每年发放12万份，根据劳动力市场需求最高可增至25万份；除此之外，还增加了低技术劳工的M签证。可以说，美国的移民体系既抓住了顶尖杰出人才，又设置了临时工作签证以应对短期工种的需求和人才环流的需要，还不断改革试行积分制以作为对原有移民制度的补充，其目的就是抓住优质人才，注重技能、学历与工作经验，以此为美国的社会经济发展服务。

（二）加拿大

加拿大作为移民大国，每年约吸收海外移民20万人，技术移

---

① 王辉耀：《国家战略——人才改变世界》，人民出版社，2010，第44页。

民占移民总数的60%以上。[①] 而与美国本土人才竞争力依然强劲的现状稍有不同，加拿大面临人口老化和技术工人不足两大窘境，其移民计划一旦停滞，该国的经济增长则会随之出现倒退。目前，加拿大的移民政策基于三大条块：一是基于人道主义的家庭团聚移民；二是基于国际责任的难民移民；三则是基于社会经济发展的经济移民，这其中包括技术移民、投资移民和自雇移民。如果说前两者是基于福利国家的人道主义考虑，那么第三大条块则是加拿大着重按国家所需制定移民计划及人才引进战略的重点。在吸引海外优秀人才方面，高技能人才、投资人士和外国留学生是加拿大政府优先考虑的对象。尤其是在对于留学生市场的开发方面，加拿大近几年来无论是出于增加政府收入还是为本土人才做补充的考虑，都取得了较好的成效。2008 年起，加拿大规定留学生只要有一年管理、专业、技术工作经验，就可以通过申请“加拿大经验类别移民”而获得永久居民身份，2012 年还开通了留学生附加签证 SDS 留学直通计划，海外高中学历的学生都可以申请，无须语言成绩。

然而，地广人稀、工作机会少的确是外国人在加拿大求职的一大现状，尤其与美国为邻，自“北美自由贸易协定”生效后，每 1 个美国技术专才移民移至加拿大的同时，就有 3 ~ 6 个加拿大技术专才移民美国。[②] 在 21 世纪开始的十几年内，加拿大不断调整移民政策，主要是根据积分制调整申请人的语言能力与工作经验分值等，投资移民的门槛也在提高，就是希望引进更合适本国亟须的工种和人才。2013 年，加拿大试行为期 5 年的创业签证（start - up visa），具有专科以上学历、语言水平达到相应等级的申请者均可申请，并最终将获得永久居民身份。2014 年加拿大联邦移民部不但将技术移民的配额基于 2013 年增加了 5 倍多，还将职业类别从 24 个增至 50 个，技术移民的门槛略有降低，但总体向青年人和特殊工种及有工作经验的人群倾斜。

（三）澳大利亚

澳大利亚和加拿大的情况比较相似，同样是国土辽阔，需要大

① 吴前进：《国际关系中的华侨华人和华族》，新华出版社，2003，第 263 页。

② 王辉耀：《移民潮——中国怎样才能留住人才?》，中信出版社，2013，第 116 页。

量吸纳新移民，并同样较早施行了有该国特色的计分评估制来针对申请移民的不同种类进行研判。因此，布朗大学雷切尔·M. 弗雷伯格（Rachel M. Friedberg）教授和耶鲁大学珍妮佛·亨特（Jennifer Hunt）教授指出："加拿大和澳大利亚的移民政策很大程度上是建立在技术限制基础之上的。"①

20 世纪 80 年代末，澳大利亚的《费茨杰拉尔德报告》确立了该国对于移民选择的焦点应从人道主义和家庭因素转到技术因素上来，尤其要注意年轻有专业技术的移民。② 对于澳大利亚需要的高层次移民，该国先后制订了企业家移民计划、高级专业人才移民计划、投资移民计划、商业杰出人才移民计划等多个分体计划，同时招收大量的国际留学生，以其中的优秀人才来填补本土人力资源市场的缺口。2013 年，该国 PSW 工作签证正式启动，学生除了修读 2 年以上的本科、硕士课程外，只要修读的课程时间加起来超过 2 年，同样可以申请 PSW 工作签证，更有利于在澳大利亚有留学经历的人才在该国求职。值得一提的是澳大利亚对于职业技术人才的重视，同样面临老龄化与技术工人不足的现状，澳大利亚的职业教育开展比较西方很多国家更为完善，其闻名世界的职业教育体系 TAFE（Technical and Further Education），相当于中国的高等职业教育。因此对于在该体系内完成受教育过程的职业移民类申请者，可以采用境内递交（Onshore）的申请方式，对其语言水平的要求也相对没有境外递交（Offshore）者的门槛高。同时，澳大利亚对劳动力市场上千个职位进行评估，然后向移民部提供劳动力市场需求报告，推动优先职业清单和移民职业清单的制定，③ 并推出紧缺职业列表 MODL，在必要时候对紧俏职业申请者进行加分。

综合以上三国的情况，传统移民国家采取的是长期的较为大量的技术移民引进机制，目前大多采用有配额限制的积分制来考核申

---

① Rachel M. Friedberg and Jennifer Hunt.，"The Impact of Immigrants on Host Country Wages，Employment and Growth，" Marcelo M. Suarez - Orozco，Carola Suarez - orozco，Desiree Qin - Hilliard，*Interdisciplinary Perspectives on the New Immigration*：*Volume 2*：*The New Immigrant in the American Economy*，New York/London：Routledge，2001.

② 张秋生、孙红雷：《20 世纪 70 年代以来澳大利亚技术型移民政策的演变及其对华人新移民的影响》，《东南亚之窗》2006 年第 1 期，第 8 ~ 13 页。

③ 王婷婷：《澳大利亚技术移民政策研究》，华东师范大学硕士学位论文，2011。

请人，根据当年国内经济与人力资源需求制定职业清单，再依据实际情况对需求做出调整。

二　欧盟国家的技术移民政策

欧盟鉴于国际人才竞争的激烈态势，仿效美国的绿卡制度推出了“蓝卡计划”。蓝卡是一种工作和居留许可证，欧盟27个成员国都有权根据本国情况决定蓝卡的发放数量及允许工作的领域，但蓝卡的发放条件必须遵循欧盟统一制定的标准。例如蓝卡的申请者必须拥有欧盟成员国所认可的大学文凭或至少五年的工作经验；申请人必须在欧盟成员国境内找到固定工作，且其薪金必须至少是该国同等职种平均薪酬的1.7倍等。以下选取有代表性的几个欧盟国家的技术移民引进政策进行分析。

（一）英国

英国作为老牌资本主义国家，其移民制度的门槛较高。英国采取较为灵活的移民政策，在严格限制非法移民的同时，为促进国内经济的发展，积极鼓励专业人士和技术人员移民英国，向拥有相当专业技能的外国人颁发许可证，以便他们进入英国工作。[①] 其政策不以配额为主，而是仿效澳大利亚在2008年实施的“记点积分制”，将入境签证分为高技能人士（T1）、技能人士（T2）、低技能人士（T3）、学生（T4）和临时工人（T5），主要积分标准是教育背景、工作经验、收入及专业成就，但门槛均高于传统移民国家。2002年，英国推出高技术移民计划，针对高级技能人才、经验丰富及申请前收入就较为可观者可给予更高的分数。英国吸引高层次人才的特色在于其顶级的科研机构、高科技园区（如剑桥科学园等）以及国际留学生战略。尤其是近年来英国所招收的留学生，既使英国的教育产业欣欣向荣，也成为该国招揽优秀人才的一种竞争手段。以往英国的留学生毕业后，必须在境外申请英国的工作机会，而现在可以居留一年寻找工作，直接在境内申请。目前，中国业已成为留英外国学生人数首位的国家，为英国贡献大量教育产业利润的同时，很多优秀的中国留学生也选择在英国发展。

① 傅义强：《欧盟移民政策与中国大陆新移民》，暨南大学博士学位论文，2006。

（二）法国

与英国相似，法国也有着殖民地时期遗留的非法移民问题后遗症，而法国面临的高失业率则更甚。增加科研与教育投入是法国用以防止人才流失并促成高水平人才服务于该国的手段，但目前来讲效果不如英国明显。2007 年萨科齐当选总统后推行的“选择性移民”政策是比较有代表性的。他认为“法国的移民政策应深刻改革……应变被动接受移民为主动选择移民”。但其一方面欢迎有助于法国经济增长的优秀人才入籍，另一方面严格控制这类人士的家属及随同移民。同时，在法国移民部门公布的职业清单中仍然对欧洲裔移民有着明显的倾向，而对非欧盟移民仅开放 6 种技术性较强的职业。总体来说，这种“选择性移民”的政策比较功利也比较保守，但是暂时对该国来讲也较为务实，对杰出人才和双重国籍都敞开大门。[①]

（三）德国

德国长期以来在移民政策中施行一定的血统主义原则，直至 2000 年施罗德政府启动“绿卡计划”才打破了原有格局，从此，德国政府逐渐降低高层次人才的准入门槛，实施积分制度，承认外籍人才凭借技能与投资可以成为永久居民或入籍。2005 年，德国《新移民法》生效，取代了原有的《外国人法》和“绿卡计划”，它进一步向全世界开启招贤纳士的大门，德国也正式将自己定位为一个“移民国家”。这部法案对移民的准入、居留、入籍、融合以及避难申请都做了明确的规定。该法根据国内接受能力和融合能力，采取积分制选择移民，这有利于吸引高技术专业人才。同时，该法还强调促进移民融入当地社会，移民延长居留许可，获得无限期的落户许可和加入德国籍，都要建立在融合的基础上。可见，在这部全称为《关于控制和限制移民和规定欧盟公民和外国人居留与融合事宜之法》[②] 的法案中，“控制”与“融合”是该法案的关键词。2012 年，德国议会表决通过的欧盟“蓝卡”法案进一步将外国专才最低收入门槛从 6.6 万欧元降至 4.5 万欧元，而医生、工程

① 王辉耀：《移民潮——中国怎样才能留住人才?》，中信出版社，2013，第 140 ~ 141 页。

② 傅义强：《欧盟移民政策与中国大陆新移民》，暨南大学博士学位论文，2006。

师等，其职业门槛可低至3.5万欧元。

对于欧盟的老牌资本主义国家来讲，历史与地缘政治遗留的非法移民问题致使这些国家的移民政策相对保守。但是为了在全球化竞争中掌握人才优势，这些国家逐步有选择性地配合欧盟“蓝卡”计划引进海外高层次人才，门槛仍高于传统移民国家。

三 亚洲国家与新兴经济体的技术移民政策

亚洲国家中，日本与亚洲四小龙对于人才的招揽都有着自身独特的经验。而与中国共同成长的印度等新兴经济体针对海外专才，尤其是本族裔的海外专业人士的回流政策无疑更有互相借鉴的意义。

（一）新加坡

新加坡作为一个国土面积与自然资源十分匮乏的小国，却能成为亚洲乃至世界的金融重镇，拥有一批世界顶尖人才，其不断引进海外专业人才的持续性政策已经成为整个国家的共识。新加坡的经济移民分为四大类：一是专业、技术人才及技术工人永久居民计划（PTS），主要以薪酬作为划分等级的标准；第二类是自雇移民，需开办公司才有申请资格；第三类是海外艺术人才特殊移民，主要由音乐、舞蹈、文学、电影等领域的艺术家申请；第四类是投资移民（DSPR），投资人与家属均可申请。此外，近年针对全职卓越人才新增了个人化就业准证（PEP）[①]，这是一项旨在吸引全球精英到新加坡工作的全新计划，专门针对有意在新加坡逗留一段时间以便寻求就业机会的专业技术人员，不和任何雇主挂钩，而是与申请人的个人条件相关。新加坡的经验在于将搜罗高水平人才提升到国家战略至关重要的位置，他们建立国家猎头，例如在海外设有多个“联系新加坡”联络处，专门负责宣传与吸引全球人才前往新加坡工作；调低个人所得税；营造廉洁与高效的政策环境；进一步放宽外籍人才居留与工作限制；打造全球知名的高等学府与研究机构，这些都是新加坡得以高速发展的原因。

（二）韩国

长期以来，韩国虽然经历了高速的发展阶段，其人才流失也是

① 刘国福：《中国引进海外人才的法律透视——技术移民法律制度研究》，中国经济出版社，2001，第363页。

比较明显的，尤其是大批优秀人才赴美国学习与工作而不愿回归，使得韩国政府意识到问题的严重性。为了吸引人才回流，韩国政府制订了各种战略与计划，这其中包括：建立海外高层次人才网络与信息库，有效促进人才回流；采取灵活方式鼓励海外韩裔长期或短期回国，为此先后出台“长期回国计划”“临时回国计划”“外国学者访问计划”“科技工作计划”等；2010 年更针对海外韩裔人士对永久居住权进行修改，2011 年起双重国籍生效。因此，在韩国经济腾飞时期，韩国留学生的回归率在 60% 以上，且该国在海外深造的博士中超过半数的人明确表示将回国发展。[①] 除大力吸引海外韩裔回流与环流外，韩国也不遗余力地网罗世界各地的优秀人才，韩国正通过建立更强大的科研基地、推动科研产业化、加强科技外交等手段营造全民创新的良好氛围。而被认定为“世界高级人才”的群体可以直接申请绿卡，在韩国工作两年后，这批人才将被获准入籍并可拥有双重国籍。

（三）印度

印度作为和中国同在亚洲的人口大国与新兴经济体，有很多相似之处，其中一点就是本族裔高层次人才的“脑力外流”。但是，由于国内经济因素、历史文化因素以及与英联邦因素等制约，印度的人才外流情况更为严重。面对自身成为“向西方输送高级人才的净出口国”这样一个不利局势，印度政府采取了很多措施：其一，实施双重国籍政策，2003 年，印度政府宣布正式对等承认双重国籍，对象是美国、英国等 16 个西方发达国家，这也是印度海外优质人才的集中地，不针对周边联邦，同时双重国籍人士不得参军、参政，消除了部分国家的疑虑；其二，印度在政府职能配置方面，将原“印度侨民事务部”改为“海外印度人事务部”，不仅负责侨务，还负责印裔事务，并单独负责印度海外技术移民的回流与环流，标志着印度侨务机构的整合与完善；[②] 其三，设立一年一度的“海外印度人节”，以故乡情结和民族情怀从文化角度来凝聚印度裔海外专才，在国际上引起很大反响；其四，印度政府从 20 世纪 60

---

① 王辉耀：《国家战略——人才改变世界》，人民出版社，2010，第 77 ~ 80 页。

② 高子平：《印度技术移民与劳务移民的比较研究》，《四川大学学报》（哲学社会科学版）2008 年第 4 期，第 82 ~ 87 页。

年代已开始投资创建“科学人才库”，在主要发达国家设点，随时掌握海外精英分布，有的放矢地吸引人才回流。

除以上提到的国家外，在世界范围内，巴西、俄罗斯等国也正在雄心勃勃地实施着它们的海外人才引进计划，如巴西已启动了“博士扎根计划”（PROFIX），并利用“巴西科学家协会”等海外高层次社团来联系人才回国发展。同时，这些国家的政府也十分重视科技研发的投入。目前来讲，俄罗斯、印度的研发投入属于政府主导型，巴西的研发投入属于政府和企业双投入型，而中国则是研发投入企业主导型。[①] 虽然不同国家基于不同的国情有着不同的选择，但是至少说明我国政府在研发投入方面仍有很大的发展空间，同时也意味着吸引华侨华人专业人士参与我国科技创新不仅要依靠市场的力量，也仍需从政府层面发力。

第三节　完善华侨华人专业人士流动体制机制的建议

近年来，由于意识到“为国服务”与“回国服务”同等的重要性，国家不断推出鼓励海外华人，尤其是留学人员以各种形式智力报国的政策与工作思路。例如2009年出台的“海外赤子为国服务行动计划”明确了国际人才激烈竞争的情况下，一方面要做好海外高层次人才回国的工作，另一方面则鼓励在海外学习和工作的暂时不能回国的留学人员以其掌握的先进科技和管理知识，通过多种方式为祖（籍）国建设服务。表5－2是近年来国家层面出台的一些相关政策。

表5－2　鼓励海外留学人员为国服务的政策一览

年份	政策
2000	关于鼓励海外高层次留学人才回国工作的意见
2001	关于鼓励海外留学人员以多种形式为国服务的若干意见
2007	关于建立海外高层次留学人才回国工作绿色通道的意见

① 潘教峰等：《国际科技竞争力研究——聚焦金砖四国》，科学出版社，2011，第32页。

续表

年份	政策
2009	关于实施海外赤子为国服务行动计划的通知
2009	关于印发实施中国留学人员回国创业启动支持计划意见的通知
2011	关于成立中国留学人员回国创业专家指导委员会的通知
2011	关于支持留学人员回国创业的意见
2011	关于加强留学人员回国服务体系建设的意见
2011	关于印发《留学人员回国工作“十二五”规划》的通知
2012	关于印发《外国人在中国永久居留享有相关待遇的办法》的通知
2012	关于为外籍高层次人才来华提供签证及居留便利有关问题的通知

然而逆水行舟不进则退，对比其他国家正在以各种形式吸引海外专业人才的举措，我国必须意识到当前工作中的不足，才能在跨国人才频繁流动的大潮中抓住机遇，实施国际人才战略。

一　有待从文化感召向基于国家意志的主动出击转变

海外华侨华人得以回归，靠的不仅仅是天然的推力与拉力，也不仅仅是血浓于水的同胞亲情。虽然说具有指标性的留学生回归比例一般在经济腾飞阶段会从不到 1/3 普遍达到 50% 或以上，但是参考国际经验，仅仅是宏观经济因素并不足以构成海外人才积极的流动。譬如沙特阿拉伯的人均收入远高于北美，却为何没有像北美国家一样吸引到如此高素质的大批海外人才？其结果说明没有上升到制度高度，物质基础再好也缺乏动力。真正发动国家意志、充分发挥人的才智——换言之为人力资本增值①，将其置于国家战略的高度，才能创造制度空间为人才发展提供保障。

以往，我们更习惯于从同文同种、同根同源的骨肉亲情去感召海外华人，以中华文化的向心力来引导他们到祖国的土地上考察、寻根，同时也欢迎他们以个人身份投资兴业，并为之出台了一些政策与规章。但是反观我们的邻国与竞争对手，印度在 50 年前就投资创建了“科学人才库”，韩国在 20 年前就建立了国际人才联络站

① 高子平：《跨国人才流动：研究范式的演进与重塑》，《探索与争鸣》2010 年第 12 期，第 106 ~ 108 页。

和海外人才数据库，而泰国则为海外人才的引进专门成立专项基金并建立了国家猎头。因此，亟须从国家战略的高度主动出击，制定强有力的海外人才引进措施，而现阶段则应先从华侨华人专业人士入手。

为此，可以设立国家猎头，在全球人才汇聚的地点设分部，专门搜索、关注、联络及挖掘人才，同时建立“海外留学人才安全预警机制”，以监测移民出国情况，定期进行数据分析，此其一。

可以建立国家层面的海外华人数据库，应基于留学人才与华裔人才两大板块，细分高端人才所在领域、人数、最新成果及流动趋势，及时更新信息，并对应我国重点发展的产业与项目，与之保持密切联系，此其二。

可以加大对海外人才研究中心或者智库的建设力度，目前我国官方智库的数量较多，但是总体影响力有限，且尚没有专门研究海外人才的大型智库出现，而半官方和民间智库的发展就更为薄弱，像“中国与全球化智库”一类的组织可谓凤毛麟角，严重缺乏第三方有公信力与独立性的国际化人才智库，因此亟待建设，此其三。

还可以借助海外新兴社团的力量，有些运作良好的华人社团实际已经成为国际知名的NGO，具有相当的影响力与辐射力，因此应该对这类新型华人社团给予高度的支持，借助他们的力量在海外设立华裔人才联络站，建成官方与民间结合的能够有效收集人才信息的机构，此其四。

二 有待从政策框架向法律规范转变

如前所述，国家对于海外人才引进的思路日益明确，也出台了一些相关规定，然而具体的配套管理尚有很多漏洞，目前应顺应其他国家与地区引进海外人才的习惯性制度做法，将政策思路以法律化与制度化的形式规范与健全起来。

（一）出入境管理办法有待进一步完善

目前，2013年新出台的《中华人民共和国出境入境管理办法》和《中华人民共和国外国人入境出境管理条例》较之以往有了不少改进，尤其对于海外华侨华人专设了Q字签证与S字签证以便利其来华。但是综合来看，相较其他国家和地区仍有不小的差距。根据2013年的亨利签证受限指数（Henley Visa Restrictions Index），中国大陆地区排名第82名，仅与44个国家有免签协议，不仅落后于中国香港和中国台湾，也落后于其他金砖国家——俄罗斯（95个国家免签）、巴西（146个国家免签）。[①]

为进一步完善出入境管理办法，跨越人才流动的壁垒，应采取以下对策。一是扩大互免签证的国家和地区，提高出入境效率。尽管互免签证意味着“三非”移民入境的风险更大，但是只有向对方抛出橄榄枝，才能取得对等免签的待遇，也才能提高我国公民与他国民间通商往来的便利指数，这也是我国综合国力在国际上有所提升的一个方面。二是对“外国人就业证”的核准发放须进一步放开，因为不可能每一个潜在人才来华时都已经有对应被雇用的机构组织，并且以相对较高的职称与职位作为门槛完全有可能将一些有识之士挡在国门之外，因此，应给予更多的专业人士一定的时间与空间让他们更加灵活地在中国谋得一份合适自己的工作，不再仅以用人单位聘用邀请作为工作签证的必备条件。三是简化海外人士在华居留政策，新法尽管对探亲类签证等在华停留期限进行放宽，但是眼下亟须对于记录良好的海外专业人才缩短审理签证与居留申请时限，减免对这类人员申请延期居留的证明材料，并应当对他们发放最长期限的签证与居留证，并可以适当减免签证服务费。

（二）“人才绿卡”制度有待进一步突破

2004年，我国颁布了针对海外人才长期在我国服务而出台的《外国人在中国永久居留审批管理办法》。该规定除附带亲属外，主要适用的高层次人才描述为：“在中国担任副总经理、副厂长等职务以上或者具有副教授、副研究员等副高级职称以上以及享受同等待遇，已连续任职满四年、四年内在中国居留累计不少于三年且纳税记录良好的；对中国有重大、突出贡献以及国家特别需要的。”十年来，该管理办法既未改变，也未细化，因此也就造成了申请人过少、门槛过高的尴尬局面。目前来看，这一管理办法的弊端在于：首先是仅仅以职位、职称等标准作为衡量尺度，而非综合素质与职业能力；其次是对于商业类人才仅以投资额度作为标准，不考

① 王辉耀、刘国福：《中国国际移民报告（2014）》，社会科学文献出版社，2014，第57～76页。

虑投资者的商业背景与创业能力，也忽略了其他类别与职业的优秀人才；最后，没能充分考虑到华侨华人专业人士近年来回流与环流的特点，政策没有向这一特殊群体倾斜。

为此，突破原有的“人才绿卡”，使之真正发挥吸引人才、服务人才的宗旨，应进行以下的改变。一是不再以职位和职称为门槛，改以职业类别与职业能力为评判标准。为此，可以借鉴澳大利亚等国家制定职业清单的方法，还可效法新西兰开放“特殊类别工作签证”，同时可采取完备的积分评估值，充分考虑当年人才供需情况与海外申请者的综合条件。二是完善职业移民类型与种类，不再仅仅将选人目标放在投资移民与服务于国有单位的高层次人才身上。“对中国有重大、突出贡献以及国家特别需要的”人才过于笼统，必须尽快细化，如其他一些国家对于“杰出人才”都有详细的解释。同时，我们的海外人才引进方略不能仅侧重投资移民，还必须考虑他们的商业背景及多项指标；除了高层次技术人才以外，应考虑人文领域与艺术领域专才，也应考虑紧缺的一般职业技能人才和高级技工，以及类似于海外“自雇移民”类型的申请者；不但应考虑服务于国有单位的申请者，还应考虑外商独资企业以及私营企业的骨干精英。此外，对于华侨华人专业人才这类与国内有着天然亲缘关系、希望长留国内开展各类活动的人员，应该适当放宽限制，可以对这类人群提高绿卡发放比例，比如有在华学习经历或在中国大陆累计居留时间达一定年份，可以考虑大批放开绿卡申请之闸。

（三）符合我国国情的“双重国籍”制度有待探索

20 世纪 70 年代以前，单一国籍几乎是公认的、理想的国际政策，然而其后随着全球化进程的推进，人们跨国活动的频繁出现，“海鸥”人才的跨国环流态势以及衍生出的各种现象与问题已经不可回避。目前，全球至少有 73 个国家实行单一国籍政策，相对的，有 50 个国家实行“内松外松”的完全“双重国籍”政策，52 个国家实行不同形式的部分“双重国籍”政策。[①] 而近 20 年来，印度、

① 杨飞：《美国华侨华人国籍问题探讨》，载国务院侨务办公室政研司编《北美华侨华人新视角——华侨华人研究上海论坛论文集》，中国华侨出版社，2008，第 175～214 页。

韩国、菲律宾、巴西、越南等国纷纷调整“双重国籍”政策，主要都是出于对跨国人才充分利用的目的，能在一定程度上规避敏感问题，针对自身国情出台有限度的政策，其出发点都是“不求所有，但求所用”。因此，我国也可以效法这些国家的做法，而首先针对的人群可以选择从华侨华人专业人士入手。

同时值得一提的是，大部分否定“双重国籍”政策的发达国家都是以较为完备的“绿卡制度”作为替代的。换言之，如果“绿卡制度”没有建设好，贸然实施“双重国籍”恐怕也要承担相应的风险，因此二者应当有先后顺序，在前者完善的基础上，探索实施后者。因此，应适当放开永久居留权，允许没有雇主邀请、在中国工作和居留一定时间、拥有一定技术能力或者属于紧缺职业工种的人士申请永久居留；然后稳步实施弹性“双重国籍”，营造宽松的海外人才融入中国的环境，消除法律障碍，增强我国的吸引力。①

三　有待从物质激励向各项权利保障转变

近年来，我国对于海外人才引进的政策中，资金配套、免税、安家费等政策逐步具体和人性化，但是同时却反映了其他配套措施的相对不足。例如，引进人才往往能获得几十万元至几百万元不等的高额政府奖金，然后一般由留学/海归创业园接受，但是后续的支持却往往不足，而且也会引起一些本不适合创业的海归仅因经济激励机制而贸然挺进创业园的情况发生，在一定程度上造成了资源浪费，甚至还有部分人钻了政策的空子。

在调查访问中，很多人在配套不足方面集中反映的几个问题在于：公共基础设施不完善、子女就学问题、户籍与居住证问题、创业场地租金等问题以及政府后续的推动乏善可陈等。为此，无论是对于重点培育、享有国家资金与政策支持的人员，还是对那些相对灵活自由，没有和官方过多接触的人员，都应该给予更加柔性的管理和更大的自主空间。地租房租减免、购房优惠、配偶安置、子女入学照顾等政策应根据地方的实际进一步安排和落实好，同时应长期提供工商、税务、法律、信息等方面信息的咨询与“一站式”服

① 杜红亮、赵志耘：《论海外华人高端科技人才回归意愿及影响因素》，《科技管理研究》2011 年第 24 期，第 100 ~ 103 页。

务，而不是对有关人员来时笑脸相迎，需要办事时却互相推诿。

与此同时，政府激励机制应当从物质转为多方面的人文关怀，时至今日，应尤为关注海外人才尤其是华侨华人专业人士正当的政治权利与诉求。因为不少高层次的华侨华人专业人士还对自身与所在团体充分合理行使政治权利提出了更高的要求。其实，这些在国际场合叱咤风云，甚至能够左右政治家立场、饶有见地的个人及团体如果不能够在我国政治生活中畅所欲言，不仅仅是国家不能广开言路的遗憾，更是国家开放度与融合度无法达到与经济全球化进程相匹配水平的表现。为此，应该尽快开放留学归国人员，包括“海鸥”人士参政议政、建言献策的渠道。可以在各级政协中配置一定的留学人员，鼓励其参加重大的考察项目与座谈会，将他们的意见与建议以更好的方式呈现给政策制定者。

此外，不可否认的是，目前我国对于海外人才的用人制度尚有严格的体制内与体制外区分，已对灵活选用人才构成了桎梏。更多的华侨华人专业人士希望能够尽快顺利地打通体制内通道，而深圳等地试点的公务员聘用制是一种很好的尝试。具体到体制内的单位，实际还存在行政级别在晋升道路上的阻碍，因此对于海外高层次人才，可以采取对应承认和转化承认相应职别、职务和职称的办法，消除相关领域的行政门槛。[①] 最重要的是，不能永远将华侨华人当作团结、统战与“利用”的对象，更要将他们看成自己人，把他们纳入国家建设的全局中，才能切实保障这类人士的各项权利，使他们既可安心扎根，又可自由流动。

四 有待从多头管理向统一职能管理转变

当前，外国人来到中国工作，必须办理外国就业证或外国专家证、外国人就业许可证及居留证三个证件，至少要涉及外交、公安、教育三个部门，如果属于外国专家还要到人社部下属的外国专家局报到，而留学生和华侨华人可能还要与侨办等部门打交道，申请资金则需与财政等部门发生联系，再加上必不可少的出入境部门，起码 7～8 个部门在联合管理海外人才来华工作的事宜。且不论手续上的繁杂，浪费的时间与精力，就多头管理来讲，经常会出

① 王辉耀：《国家战略——人才改变世界》，人民出版社，2010，第 174～175 页。

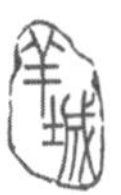

现不同部门口径不统一的情况。例如一位出国前与出国后都倾情于职业教育的人士，为了更好地在学习中体验工作，做到工学结合，选择到新加坡完成半工半读形式的硕士学业，这种学习经历在教育领域得到了提倡，然而当其归国后申请留学人员有关优惠时，人社部门以其在海外期间攻读的并非全日制脱产硕士为由拒绝了其享受政策的申请，尽管该市的有关政策并没有此项说明，这种不同部门不同口径甚至自行解读政策的做法实在令人扼腕叹息。

反观与我们相邻的国家与地区，为了解决多头共管导致的程序繁杂和引进海外人才效率低下的问题纷纷出台了更富有实效的管理办法，如中国台湾的“行政院劳工委员会”成为吸引外国人才的单一窗口，印度则改组成立“海外印度人事务部”负责所有侨务和印裔事务。如果我国能够借大部制改革之东风，建立一个协调、联系与服务归国留学人员与华侨华人事务的部门，甚至可以包含所有海外移民与人才认证、工作许可发放等事务，那么对于整合资源、提高效率，尤其是集中精力更好地吸引与发挥海外专业人士的潜能将起到积极的作用。改革后的统筹部门名称可顺应国际移民潮流，带有“移民”二字，而不应只限于“侨”和“留学”的小范围。因为不再由多头管理，更多的审批将会简化，例如就业许可、职业签证、就业证/外国专家证和居留证四种实际重叠颇多的证件完全可以尝试四证合一或三证合一，技术上并无不可行之处。①

同时，我们应该注意到，其实多头管理存在的更深层的问题在于行政化的痕迹过深，每个部门在管理时都希望多掌控审批权，在真正提供服务或是遇到责任时却互相推诿。然而，在吸引人才、服务人才的工作上，尤其是面对海外那些长期奉行高效务实的国际化原则的专业人士时，这种固有的思想一旦作祟，其结果必然是表面工作做得好，一旦深入实际要解决问题时则漏洞百出。而在去行政化、统一管理的同时，政府应把主要精力放在政策引导上，人才则依靠市场的机制进行调节和配置，各地的人才引进也可借助企业化的咨询、中介机构来辅助完成，鼓励其通过正当竞争和优质服务活跃人才市场。因此，中国要实施国际人才战略，去行政化并不是一

① 刘国福：《中国技术移民政策构想》，《理论与改革》2011 年第 2 期，第 72 ~ 76 页。

句空话，不进行制度改革与创新，我们的人才制度就不可能有活力，制度化、透明化、高效化的管理机构与管理办法就不可能真正出台并贯彻实施。

第四节 如何培育与利用广州地区华侨华人专业人士及相关企业的优势资源

如前所述，“留交会”一直以来是广州吸引海外高层次人才、面向全国和全世界完全开放的国家级海外人才交流平台。1998 年，留英归国，时任广州经济开发区经济发展局局长的刘悦伦及同期回国的颜光美博士等人共同向广州市政府倡议举办留学人员的科技交流会。当年 12 月 28 日，广州在全国首创了“中国留学人员广州科技交流会”，简称“留交会”。这一“智力广交会”，一度成为海外留学人员交流的第一品牌。[①] 截至 2018 年，“留交会”已举行了 20 届，2014 年起“留交会”暂停一年，曾计划 2015 年后每两年举行一次。这在一定程度上说明，该“金字招牌”的含金量正在降低。与此同时，通过仿效广州“留交会”，落地苏州的留交会项目有 300 个，落户南京和武汉的留交会项目也超过 100 个。[②]

截至 2013 年底，广州市归国留学人员分布在以留学人员广州创业园为首的天河科技园（软件园）、黄花岗科技园等 14 个园区中，共有创业企业 2000 多家，各类留学人员创业园、科技企业孵化器 59 家。而同期深圳市累计引进超过 5 万名海外留学人员，拥有 16 个留学创业园，容纳 2000 多家企业，其中 30 家企业产值过亿元。[③] 仅从数量来讲，广州与深圳的差距并不明显，但是从自主创新能力等方面来看，广州明显后劲不足。虽然截至 2013 年底的数据显示广东省 PCT 国际专利申请量连续 12 年居全国第一，但企业专利申请过于集中在中兴公司和华为公司两个企业，与广州国际

① 《广聚天下英才共谋创新发展——中国留学人员广州科技交流会纪实》，《留学生》2012 第 12 期，第 6～11 页。

② 蒋隽：《广州为何留不住人才》，《信息时报》2013 年 12 月 20 日。

③ 刘昊：《“海归经济”成深圳经济新增长点》，《南方日报》2014 年 7 月 22 日。

化企业无缘。①

以上数据都在表明一个不争的事实：广州对于海外专业人才的引进虽有先天优势，但是后劲已显乏力。而如何利用自身已有的优势与基础，吸引华侨华人专业人士，用政策激发更广泛层次上的海外高层次人才的活力，创造更好的政策环境与软环境，是当前与今后一段时间内相关部门需要思考的问题。上一节已经在较为宏观的层面即体制机制上对于我国华侨华人专业人士引进政策做了普适性的策略分析，那么涉及广州的中观及微观层面，则更应结合当前该市华侨华人专业人士创办企业的具体发展情况提出可行性对策。

首先，对高层次创新型华侨华人专业人士及其企业的扶持要从单纯的引进过渡为综合性的培育和全方位的服务。

第一，应从招揽人才到真正吸引人才、服务人才、培育人才。广州近年来发展的一块短板体现在高端的创新、创业、创造型人才与国内其他发达城市相比有所差距。而广州要想实现自主创新能力的提升，就仍需加大力度引进并着重培育海外创新团队与领军人才。在对广州多个留创园入园企业创业人员的访谈中，调研组发现60%以上的创业者并不是严格意义上的归国留学人员，他们中的不少人仍保留外国国籍或永久居民身份，还有个别人原籍中国香港或中国台湾，其共性在于有海外留学经历，属于“留学人员”，但在户籍等方面并未完全“归国”，可以说，他们大多还是“海鸥”，经常要往返于国内外，对于在国内创业的很多情况不甚了解，而以固有的归国留学人员规章制度进行管理往往会产生很多问题。目前，对于这类人士的管理要融入柔性管理的理念方法，使工作的实际落在有序引进和有效培育上，不再重引进而轻管理与培育。例如，可举办讲座、沙龙等活动，围绕营销销售、综合管理、人力资源、财税管理、技能素养、政策培训等方面为企业提供全方位的人才培育服务，切实为创业者提供办活企业的思路。同时，对于初创型企业应给予更多的技术支持，如组织区内企业代表与海内外行业专家进行面对面的洽谈交流，实现企业与专家的无缝对接。此外，还应聘请成功企业家、风投机构、行业专家、管理咨询专家、财税

① 罗桦林：《华为中兴企业专利申请量居全球前三》，《广州日报》2014 年 4 月 25 日。

专家和法律专家担任导师，为创业者提供综合性的创业辅导。

第二，从政策性的一次性的启动资金减免到主动提供投融资服务。海外人员回国创业，缺的不是热忱，不是技术，甚至管理经验和市场触觉也都不是最欠缺的，首当其冲的就是缺乏创业资金。而以往官方的优惠政策与启动资金往往是一次性兑现，对企业来讲后续乏力。广州应致力于加强投融资服务，积极搭建投资机构、贷款及担保机构、其他类别机构组成的科技金融中介体系，为企业提供“一站式”“链条式”科技金融服务以及集知识培训、信息共享、人才交流等多功能的综合性科技金融服务，突破企业的资金瓶颈。

第三，应从鼓励科技研发到全方位提供科技创新服务。相关主管部门应切实为广大中小型科技企业提供良好的科研条件，降低企业的创业成本，推动企业的创新与成长，实现创新资源的共享，帮助企业进行创新研发，并切实降低企业的研发成本。在此基础上，建立人才培养、科技开发、成果转化等长效合作机制，开展协同创新。

其次，加强对新利基经济带动下的海归创富企业的关注度，利用华商网络“走出去”。利基（Niche）又称利基市场，意指对企业的优势细分出来的市场，其相对于对象市场不大，且尚未取得令人满意的服务，当产品推进这个市场，就有盈利的基础，从而通过推出专业化经营而赢得更多的利润。在传统意义上，族裔经济也在利基经济的范畴中，北美华人经营的利基市场一般涵盖以下几个领域：华文教育、华文传媒、中医等。固然，这些领域都只针对小众市场，也就是传统的海外华人社区来进行经营。而在贸易与投资自由化迅速发展的今天，海归也好，“海鸥”也罢，如果想回国或是在居住国与祖籍国之间创办新企业，就更需要挖掘市场中的新利基，从而在“人无我有”的情况下创造财富。前文所述的 M 先生的案例就较好地诠释了对于新利基市场的应用。

在新利基经济潮流的带动下，海外华人归国投资兴业如果资金不够雄厚，属于初创状态，也仅能以小微企业的形式开始，大致可以分为两种形态。第一种形态即高科技企业的主要参与者是高技术移民群体，他们靠技术与项目起家，企业具有高科技、高成长的潜力与空间，除了政策扶持外，他们看准利基市场后，更倾向于借助风险投资基金的运作，这一类企业一般集中于大城市和沿海地区

(因为具备更好的政策环境与商品流通环境),当然广州是这类企业的一个重要的驻扎点。而第二种形态则是非高科技产业,其主要参与者则是一般技术移民或者是某些回流的投资移民,他们创办的企业涉及很多行业,但多与贸易相关。他们中的很多人回国或者回乡创办企业主要还是基于社会网络与亲缘关系,这在广州及珠三角周边的侨乡是屡见不鲜的。根据“中国与全球化研究中心”的调查,70.6%的海归选择在北上广和江苏落地创业,而在广州创业的海归占11.5%,略高于上海的8.2%,个人资本与民间资本是海归创业资金的主要来源。①

值得充分关注的是,这类包含华侨华人专业人士在内的海归创富企业创办人与华人社会网络有千丝万缕的联系。在广州及珠三角周边地区,利用淘宝等电商平台进行海外商品代购,尤其是一些生活用品的代购开始得比较早。而今天,当海外奶粉等商品同质化竞争过于激烈,很多海外华人另辟渠道,例如建立消费能力、品味相当的顾客群,结合亲戚、朋友等经营较为可靠的社会网络,进行产品的推送。从理论上进一步解释,国际移民乐于担当贸易中介的角色,Head和Ries认为,其对贸易产生促进作用的主要原因不仅基于较低的交易成本,而且源于移民在市场进入的机会和知识方面具备特殊优势。② Ranch则指出,国际移民可以通过两种方式——移民对母国的产品偏好和移民流动所创造的国际网络,来降低贸易的边境效应,并由此促进国际贸易的发展。③ 因此,在某种程度上,无论是高科技企业还是非高科技企业,无论规模大小,华人移民善用自身优势,运用贸易手段创造财富都是很自然的。如能对这种良好的趋势充分认识,辅以系统性的规划,将有利于这类企业及周边产业实施“走出去”战略。

在这个过程中,一是要加深对于海外华商网络的深入了解与深层次利用,真正对华商网络资源的运作、特点、现状和发展趋势做

---

① 王辉耀、苗绿:《中国海归发展报告(2013)》,社会科学文献出版社,2014,第12页。

② Head K. , Ries J. , “Immigration and Trade Creation: Econometric Evidence from Canada,” *The Canadian Journal of Economics*, 1998 (1), pp. 47 - 62.

③ Rauch J. E. , “Trindade V. , Ethnic Chinese Networks in International Trade,” *The Review of Economics and Statistics* , 2002 (1), pp. 116 - 130.

全方位的了解。充分利用政府驻外单位功能，主动与当地华商团体建立联系，从而开拓海外市场，寻找商机，展开企业的出口贸易和国际化经营。二是充分发挥广州侨乡的优势资源，借助海外华商网络吸引资金与智力支持。当前，海外华商个别回国直接投资或组团考察、商务洽谈的频次与日俱增。在广州及周边地区，海外华人带来的民间资本并不仅仅是进行小型的贸易活动，活跃的流动资本曾经最早出现在房地产、个人及企业咨询等起初并不十分红火的行业。珠三角民营经济红火的势头也多多少少地融入了海外华人的注资以及海外商业模式的套用，例如碧桂园集团董事局副主席杨惠妍及其丈夫，其妹杨子莹及妹夫都是有美国留学经历的海归，该集团的新生代管理层也非常注重聘用有海外留学经验的华人进入集团，以便更好地运用先进的管理模式，走向海外市场。在政府层面，同样可以仿效这类民营企业的做法，以高端论坛、专业协会交流等形式为抓手，出台更优惠的配套政策，引进地方产业亟须的海外资金与人才。三是有效借助华商关系网，逐步完成“走出去”战略的实施。很多中小企业对海外投资环境并不熟悉，因此难以做到有的放矢，这是该类企业海外投资失利的一个重要原因。因而，如能在政府层面借助华商网络的区位优势，给相关企业提供资讯和市场信息，制定科学的境外投资战略，健全海外市场风险防范机制，其技术、智力等无形资源的助力将会十分可观。此外，从广州优势产业的实际出发，借助华商网络，在条件允许的情况下，还可以与海外华商建立经济战略联盟，扬长避短，不断提升外向型经济的竞争力。①

在对于海外华人专业人才的吸引及接纳的过程中，广州逐渐形成了自身的特色，但是逆水行舟不进则退，近年来的发展数据表明，该市相对长三角区域与同在珠三角的深圳市相比，显现后劲不足的迹象。只有结合该地区华侨华人专业人才及其创办的相关企业发展的最新现状，更好地对接地方产业集群特点，发挥原有的优势，及时寻找不足之处，实施“走出去”战略的系统规划，方能紧

① 袁持平等：《华侨华人在广东实施“走出去”战略中作用的研究》，载国务院侨办侨务理论研究广东基地/广东侨务理论研究中心编《华侨华人与广东发展：广东省侨务理论研究论文集（2012 - 2013）》，暨南大学出版社，2014，第 181 ~ 182 页。

密结合世界人才流动的趋势，为城市的人才国际化之路奠定坚实的基础。

小　结

综上，引领中国海外专业人才回流与环流的趋势已经形成，目前我们必须意识到国际人才战略的重要性，特别是引进华侨华人专业人才工作应率先开展。在比较与分析国外同等实力国家的先进经验后，可以发现中国的海外人才管理与引进工作尚有很大的空间亟待填补。为此，要抓住目前国际人才柔性流动的规律，以足够的宽容度、融合度、影响度[①]和开放度进行制度创新与柔性管理，例如建立人才评估体系、完善出入境管理办法、探索“人才绿卡”与“双重国籍”制度、创新激励机制、统一职能管理部门，在地方针对实际情况对相关个人与企业提升培育的水平，这些举措都应当成为当前和今后一段时间里我们可以尝试采取的应对策略。

① 汪威毅、万晓兰：《WTO 框架下我国的人才回流战略》，经济科学出版社，2005，第 131 页。

结　论

华侨华人专业人士是近半个世纪以来在西方社会尤其是北美华人社会中迅速崛起的一类掌握知识与技能的人才群体。这个人群既与新移民、技术移民的壮大有着密切的联系，同时又不仅仅包含移民群体，移民与华裔新生代共同构成这一群体。在全球化的语境与日益频繁的跨境活动中，他们成为华侨华人队伍中卓尔不群、大放异彩的“知识部落”乃至精英代表。因此，对这一群体进行理论梳理、历史探源及现状研究，对于国际关系与华侨华人研究、国际移民研究都有一定的现实意义。

由于华侨华人专业人士所涉及的理论问题本身就是一个崭新的、集成多学科的研究领域，因此有必要从多学科的角度，融合多种理论进行综合分析。无论是从经济学视角、历史—结构主义视角、社会学视角还是政治学视角进行解读，单一的理论都有失偏颇，正如波特斯所说“没有哪一种理论可以独立提供解读国际移民的捷径，应通过具体的实证研究，阐释一个个特殊问题”①。基于这一思路，对于新移民研究、移民跨国流动研究、技术移民研究三大方面与华人华侨专业人士研究主旨内容高度相关的国内外研究成果进行综述，并以此为基础，为下文论述的北美华侨华人专业人士的发展历程、新类型以及发展新趋势打下理论根基。

在对北美华侨华人群体萌芽与发展的历史回顾中，得出两个较为鲜明的观点：一是虽然在华人登陆北美大陆的早期阶段，他们的身份地位与处境使得绝大多数人与受人尊重的专业技术工作无缘，但是由于勤劳致富与重视教育等优良传统根植于族裔文化中，一旦华人生存条件改善，就会有相当比例的华人进入专业人士的阶层；

① Portes, Alejandro, “Conclusion: Theoretical Convergences and Empirical Evidence in the Study of ImmigrantTransnationalism,” *International Migration Review*, 2003, Vol. 37, p. 3.

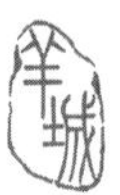

二是新移民，尤其是来自中国大陆的高知识、高技能水平的新移民（主要是经济类移民）迅速改变了北美华人人口的知识结构与职业构成，他们的到来与土生华人努力打入主流社会的驱动力共同形成了华侨华人专业人士群体蓬勃的发展态势。

基于上述的理论框架以及历史归因，尝试探索当今北美华侨华人专业人士跨境活动的现状，如产生了哪些重要的细分群体，华侨华人专业人士在回流与环流过程中的态势与境况，以及如何针对这类人士的流动趋势采取更有效的应对措施这几个问题。综上，本书大量篇幅做的是现状研究，因为针对一个新领域产生的新问题，更多的关注点可以放到解析当下问题的环节上来，进而归纳出以下四点结论。

第一，北美华侨华人专业人士发展到今天，产生了四个重要的新类型。其一是飞来飞去的“海鸥”群体，他们熟悉国际国内两种环境，并大多掌握着资金与技术等稀缺资源；其二是高技术移民，他们不但拥有高学历、高技能，还有良好的职业与薪酬，近年来由这部分人主导的精英社团也有长足的发展；其三是一般技术移民，也涵盖了“蓝领移民”这类技能型人才，这类移民在研究中一般容易被人淡忘，但是数量众多并能够灵活生存的他们同样在专业人士队伍中占据相当大的比重；其四是1.5代新移民，他们作为拥有得天独厚语言及教育背景优势、熟知西方社会规则，又处于黄金年龄段的佼佼者，在跨境活动中只要勇于尝试，往往更能在不同的国家和地区如鱼得水地工作和生活。研究与关注这些细分类型有助于进一步了解华侨华人专业人士群体。

第二，北美华侨华人专业人士正在以不同于传统移民的形式进行活动，而他们的活动并不局限于居住过的国家和地区，而是显现出一种整体的跨国与跨境的趋势。具体表现为承载他们跨境活动的有华人社团、华文教育、华人媒体等各种新老载体，以及他们的跨境活动分别在政治、经济、文化领域中呈现的充满活力的、有别于以往任何历史时期的新特色。与此同时，祖（籍）国的国际化发展趋势构成的新拉力以及居住国在某种程度上构成的新推力促成了跨境流动的加速，综合个人所面临的各种具体情况，更多专业人士考虑以跨境的方式实现自身资本更优化的重组。

第三，当今中国已经迎来了华侨华人专业人士回流与环流的大潮，虽然未至高峰，但是可预计将迎来更加迅猛的前景。“海归归海”作为环流的阶段性现象也进入了观察者与研究者的视野，一方面可能是国内的某些条件尚不完善而导致，但另一方面这一现象的出现不应理解为终结性的、受挫后的反向流动，而应将其放置于更广阔的时间与空间场域考量。总体来讲，无论是归国留学人员还是回流移民身份，抑或其他身份的专业人士短期或长期到中国大陆合作、经营与工作的人数与频次一直在增加。在这种态势下，接收方和流动者个人都对未来充满希望，但是也出现了一些不可回避的问题，例如配套政策不到位、管理人性化不足、行政化干预过重等，这确实在一定程度上影响了国际人才的积极性。

第四，有必要进一步深化华侨华人专业人士的引进与管理工作。国际社会间的竞争离不开对人才的争夺，奉行“人才强国”战略的中国有必要首先将华侨华人专业人士的引进放在国际人才工作中的第一步实施。借鉴发达国家与新兴发展中国家吸引海外人才的经验，在当前的顶层设计方面，应该尽快从文化感召向基于国家意志的主动出击转变，从笼统的政策框架向法律规范转变，从物质激励向各项权利保障转变，从多头管理向统一职能管理转变；而具体到广州地区的实际情况，可以结合华侨华人专业人士所创建的企业有针对性地进行培育与扶持，结合华商网络实现企业的创富、创新。

参考文献

一　中文专著、译著

〔英〕彼德·史塔克：《国际迁徙与移民——解读“离国出走”》，蔡继光译，台北：书林出版有限公司，2002。

蔡林海：《鹫与龙：跨国公司战略与华人创新网络》，青岛出版社，2002。

曹云华：《变异与保持：东南亚华人的文化适应》，中国华侨出版社，2001。

陈昌贵：《人才外流与回归》，湖北教育出版社，1996。

陈国贲：《烟与火——蒙特利尔的华人》，北京大学出版社，1996。

陈翰笙：《华工出国史料汇编》第七辑，中华书局，1984。

陈奕平：《人口变迁与当代美国社会》，世界知识出版社，2006 。

戴超武：《美国移民政策与亚洲移民》，中国社会科学出版社，1999。

〔美〕费正清：《美国与中国》，张理京译，世界知识出版社，2001。

高伟浓等：《国际移民环境下的中国新移民》，中国华侨出版社，2003。

高伟浓：《软实力视野下的海外华人资源》，马来西亚：学林书局，2010。

国务院侨务办公室政研司编《北美华侨华人新视角——华侨华人研究上海论坛论文集》，中国华侨出版社，2008。

哈佛燕京学社：《全球化与文明对话》，江苏教育出版社，2004。

《海外侨情观察》编委会编《海外侨情观察 2013 - 2014》，暨南大学出版社，2014。

〔美〕汉斯·摩根索：《国家间政治》，徐昕、郝望、李保平译，北京大学出版社，2006。

黄昆章、吴金平：《加拿大华侨华人史》，广东高等教育出版社，2001。

姬虹：《美国新移民研究（1965年至今）》，知识产权出版社，2008。

黎全恩、丁果、贾葆蘅：《加拿大华侨移民史（1858－1966）》，人民出版社，2013。

李安山等：《中国华侨华人学——学科定位与研究展望》，北京大学出版社，2006。

李明欢：《当代海外华人社团研究》，厦门大学出版社，1995。

李明欢：《国际移民政策研究》，厦门大学出版社，2011。

李其荣、谭天星：《海外人才与中国发展研究》，中国华侨出版社，2008。

刘国福、王辉耀：《技术移民立法与引进海外人才》，机械工业出版社，2012。

刘国福：《移民法：国际文件与案例选编》，中国经济出版社，2009。

刘宏：《战后新加坡华人社会的嬗变：本土情怀，区域网络，全球视野》，厦门大学出版社，2004。

陆国俊：《中国的华侨·美洲》，中国国际广播出版社，2010。

麦礼谦：《从华侨到华人》，香港：三联书店，1992。

倪鹏飞、潘晨光：《人才国际竞争力——探寻中国的方位》，社会科学文献出版社，2010。

潘教峰等：《国际科技竞争力研究——聚焦金砖四国》，科学出版社，2011。

〔美〕塞缪尔·亨廷顿：《文明的冲突与世界秩序的重建》，周琪译，新华出版社，2010。

〔美〕塞缪尔·亨廷顿：《我们是谁？美国国家特性面临的挑战》，程克雄译，新华出版社，2005。

石沧金：《马来西亚华人社团研究》，中国华侨出版社，2005。

时殷弘：《国际政治：理论探究·历史概观·战略思考》，当代世界出版社，2002。

苏长和：《全球公共问题与国际合作：一种制度的分析》，上海人民出版社，2000。

陶文钊、陈永祥：《中美文化交流论集》，中国社会科学出版社，1999。

汪威毅、万晓兰：《WTO框架下我国的人才回流战略》，经济科学出版社，2005。

王昺：《文化马赛克：加拿大移民史》，民族出版社，2003。

王赓武：《王赓武自选集》，上海教育出版社，2002。

王辉耀等：《移民潮——中国怎样才能留住人才?》，中信出版社，2013。

王辉耀、郭娇：《中国留学发展报告（2012）》，社会科学文献出版社，2012。

王辉耀：《中国留学发展报告（2012）》，社会科学文献出版社，2012。

王辉耀：《国家战略——人才改变世界》，人民出版社，2010。

王辉耀、刘国福：《中国国际移民报告（2014）》，社会科学文献出版社，2014。

王辉耀、苗绿：《海外华侨华人专业人士报告（2014）》，社会科学文献出版社，2014。

王辉耀、苗绿：《中国海归发展报告（2013）》，社会科学文献出版社，2014。

王辉耀：《人才战争》，中信出版社，2009。

王望波、庄国土：《2009年海外华侨华人概述》，世界知识出版社，2001。

王晓萍、刘宏：《欧洲华侨华人与当地社会关系：社会融合·经济发展·政治参与》，中山大学出版社，2011。

吴霓：《中国人留学史话》，商务印书馆，2004。

吴前进：《国际关系中的华侨华人和华族》，新华出版社，2003。

〔美〕亚历山大·温特：《国际政治的社会理论》，上海世纪出版集团，2000。

阎学通：《中国国家利益分析》，天津人民出版社，1996。

杨勉：《国际政治中的中国外交》，中国传媒大学出版社，2006。

营志宏：《美国移民法》，台北：扬智文化，2004。

〔美〕约瑟夫·拉彼德等主编《文化和认同：国际关系回归理论》，金烨译，浙江人民出版社，2003。

〔美〕约瑟夫·奈、约翰·唐纳胡主编《全球化世界的治理》，王勇、门洪华等译，世界知识出版社，2003。

曾文昌：《入出国及移民法释论》，台北：正中书局，1999。

〔美〕詹姆斯·多尔蒂等：《争论中的国际关系理论》，阎学通等译，世界知识出版社，2003。

中国社会科学杂志社：《社会转型：多文化多民族社会》，社会科学文献出版社，2000。

周敏：《美国华人社会的变迁》，郭南译，上海三联书店，2006。

周敏、张国雄：《国际移民与社会发展》，中山大学出版社，2012。

周聿峨、龙向阳：《华侨华人与国际关系》，厦门大学出版社，2012。

朱红：《转换·融合——中国技术移民在加拿大》，社会科学文献出版社，2008。

朱杰勤：《东南亚华侨史》，高等教育出版社，1990。

庄国土：《华侨华人与中国的关系》，广东高等教育出版社，2001。

二　中文期刊及学位论文

曹善玉：《对有关华人高技术新移民政策的评述及意义》，《江西社会科学》2012 年第 1 期。

潮龙起：《跨国华人研究的理论和实践：对海外跨国主义华人研究的评述》，《史学理论研究》2009 年第 1 期。

陈志强：《国际移民与上海城市发展》，《上海商学院学报》2009 年第 3 期。

程希：《中国大陆新老华人移民浅析》，《华侨华人历史研究》1993 年第 4 期。

丁月牙：《全球化时代移民回流研究理论模式评述》，《河北大学学报》（哲学社会科学版）2012 年第 1 期。

杜红亮、赵志耘：《论海外华人高端科技人才回归意愿及影响因素》，《科技管理研究》2011 年第 24 期。

傅义强：《当代西方国际移民理论述略》，《世界民族》2007 年第 3 期。

傅义强：《欧盟移民政策与中国大陆新移民》，暨南大学博士学位论文，2006。

高子平：《跨国人才流动研究范式的演进与重塑》，《探索与争鸣》2010 年 12 期。

高子平：《西方学者视野中的中国海外人才回流》，《国际关系研究》2013 年第 2 期。

高子平：《印度技术移民与劳务移民的比较研究》，《四川大学学报》（哲学社会科学版）2008 年第 4 期。

耿莲：《当代美籍华人的跨国主义》，华东师范大学硕士学位论文，2007。

顾文同：《1.5 代移民实现美国梦》，《中国妇女：英文月刊》2012 年第 1 期。

《广聚天下英才共谋创新发展——中国留学人员广州科技交流会纪实》，《留学生》2012 年 12 月。

郭娟娟：《加拿大华人新移民研究》，安徽师范大学硕士学位论文，2011。

〔西〕华金·阿朗戈：《移民研究的评析》，黄为葳译，《国际社会科学杂志（中文版）》2001 年第 3 期。

黄昆章：《二战后加拿大华人人口结构与经济概况》，《八桂桥刊》2001 年第 3 期。

黄昆章：《祖国大陆、台湾、香港及印支在美新移民的比较研究》，《华侨华人历史研究》1995 年第 2 期。

李芳田：《国际移民及其对国际政治经济的影响》，《齐鲁学刊》2009 年第 1 期。

李芳田：《国际移民及其政策研究》，南开大学博士学位论文，2009。

李兰：《依存与互动——美国华人新移民与美国华人社区研究》，华中师范大学硕士学位论文，2007。

李其荣：《发达国家技术移民政策及其影响——以美国和加拿大为例》，《史学集刊》2007 年第 2 期。

李其荣、沈凤捷：《跨国移民与东亚现代化——以中、日、韩三国为例》，《社会科学》2010 年第 5 期。

李其荣：《新华侨华人的职业结构及其影响因素——美国与加

拿大的比较》,《东南亚研究》2008 年第 2 期。

连培德:《美国华人和其他主要亚裔族群的跨国政治活动调查》,万晓宏译,《华侨华人历史研究》,2009 年第 1 期。

廖小健:《金融危机对美国华侨华人专业人士的影响》,《八桂侨刊》2011 年第 3 期。

刘国福:《中国技术移民政策构想》,《理论与改革》2011 年第 2 期。

刘宏:《当代华人新移民的跨国实践与人才环流——英国与新加坡的比较研究》,《中山大学学报》(社会科学版)2009 年第 6 期。

刘建林:《利益与选择——当代中国留美学生及其与中国的关系》,暨南大学博士学位论文,2006。

柳毅:《全球高级人才跨国流动的新趋势》,《国际人才交流》2009 年第 9 期。

卢帆:《一家两国:跨国主义语境中的移民家庭研究》,厦门大学硕士学位论文,2008。

罗向阳:《当代华人社团跨境活动研究》,暨南大学博士学位论文,2010。

欧阳贞诚:《美国当代外来移民的成因及特征分析》,《东北师大学报》2010 年第 1 期。

欧阳贞诚:《1965 年以来美国的外来移民及其经济影响》,东北师范大学博士学位论文,2010。

〔法〕让·巴蒂斯特·梅耶、〔南非〕大卫·卡普兰、〔哥伦比亚〕豪赫·夏鲁姆:《技术移民与知识的新地缘政治学》,《国际社会科学(中文版)》2002 年 2 期。

沈仁:《用心书写人才服务工作新篇章——广州市人才服务工作综述》,《神州学人》2014 年第 3 期。

〔澳〕斯蒂芬·卡斯尔斯:《21 世纪初的国际跨国流动:全球性的趋势和问题》,凤兮译,《国际社会科学(中文版)》2001 年第 3 期。

万晓宏:《郭世宝博士与加拿大华人新移民研究述评》,《华侨华人历史研究》2012 年第 1 期。

王赓武:《新移民:何以新?为何新?》,程希译,《华侨华人

历史研究》2001 年第 4 期。

王婷婷：《澳大利亚技术移民政策研究》，华东师范大学硕士学位论文，2011。

吴前进：《当代移民的本土性与全球化——跨国主义视角的分析》，《现代国际关系》2004 年第 8 期。

吴前进：《冷战后华人移民的跨国民族主义——以美国华人社会为例》，《华侨华人历史研究》2006 年第 1 期 。

徐丹：《论加拿大华人移民人口结构的变化》，《世界民族》2007 年第 6 期。

徐丹：《论加拿大人力市场的结构障碍与个体障碍对移民的影响》，《鸡西大学学报》2008 年第 2 期。

徐苗：《跨国流动群体的整体性适应——望京韩国流动群体的特征及类型化研究》，中央民族大学硕士学位论文，2011。

应世昌：《美国的移民政策和国外移民对美国经济发展的作用》，《世界经济研究》1994 年第 1 期。

袁源：《冷战后加拿大华文教育研究——兼论加、美华文教育之异同》，暨南大学硕士学位论文，2006。

岳志强、王邵励：《杨凤岗的美国华人宗教研究述评》，《华侨华人历史研究》2008 年第 2 期。

曾少聪、曹善玉：《华人新移民研究》，《东南亚研究》2005 年第 6 期。

张桂霞：《加拿大中国移民概况及发展态势》，《南方人口》2007 年第 1 期。

张秋生、孙红雷：《20 世纪 70 年代以来澳大利亚技术型移民政策的演变及其对华人新移民的影响》，《东南亚之窗》2006 年第 1 期。

赵红英：《试论中国大陆新移民的特征》，《八桂侨刊》2001 年第 3 期。

周聿峨、郭秋梅：《跨国主义视角下的华人环流思考》，《八桂侨刊》2009 年第 3 期。

周聿峨、阮征宇：《当代国际移民理论研究的现状与趋势》，《暨南学报》（哲学社会科学版）2003 年第 2 期。

庄国土：《从移民到选民：1965 年以来美国华人社会的发展变

化》，《世界历史》200 年第 2 期。

三 中文报纸及网络资料

潮龙起：《广州地区高校近年引进海外华人人才的调查和思考》，暨南大学网站，http://tzb.jnu.edu.cn/sHtml/? C - 1 - 604.html，2010 年 5 月 5 日。

《第九届“春晖杯”大赛交流暨洽谈大会在广州举行》，新华网，http://edu.people.com.cn/n/2014/1217/c1053 - 26227923.html，2014 年 12 月 17 日。

《分布一百多国家 中国留学生 127 万冠全球第一》，《星岛日报》2011 年 6 月 19 日。

《广州大学城 10 年“变身”进驻大学生数量翻两番》，《南方日报》2014 年 9 月 1 日。

《海外华人的素质问题——提升华社“软实力”仍需一种转型》，英国中文网，htttp://www.enchinese.com/，2011 年 6 月 12 日。

《加技工短缺利好蓝领移民 入职年薪高达 5 万加元》，网页教育频道，http://edu.163.com/14/1209/10/AD12FMRD00294III.html，2014 年 12 月 9 日。

加拿大家园网：http://www.canadameet.cn/32/18610.html。

李珍玉：《美国华人生存状态大扫描》，《侨报》2008 年 9 月 25 日。

《留学大数据：近五成海归不满意国内工作》，《羊城晚报》2015 年 8 月 31 日。

美西玉山科技协会网站：http://www.montejade.org/? page = about_en，2014 年 10 月 28 日。

《2013 年度人力资源和社会保障事业发展统计公报》，人力资源和社会保障部网站，http://www.mohrss.gov.cn/SYrlzyhshbzb/dongtaixinwen/shizhengyaowen/201405/t20140528_131110.htm，2014 年 5 月 28 日。

《2011 年度我国出国留学人员情况统计》，教育部网站，http://www.moe.edu.cn/publicfiles/business/htmlfiles/moe/s5987/201202/130328.html，2012 年 2 月 10 日。

《2013 年美国 78 万人入籍中国大陆移民占 4.5%》，美国侨报

网，http://www.usqiaobao.com/，2014年6月1日。

全球华侨华人专业协会协作网：http://www.ocpan.org，2014年10月2日。

《让中国成为人才环流中的重要一极》，《科技日报》2014年4月27日。

新加坡人力资源部网站：http://www.mom.gov.sg/Pages/default.aspx，2012年6月7日。

易贤网：《美国人才呈U型回流移民国遭遇人才流失》，www.ynpxrz.com，2013年2月5日。

中国旅美科技协会网站：http://isd.arizona.edu/castusa/，2014年10月30日。

中国新闻网：《加拿大华裔跨国经营比例高达42%　逾7成跨越中加》，http://www.chinanews.com/hr/mzhrxw/news/2007/07-12/977638.shtml，2007年7月12日。

卓新平：《海外华人的文化认同与政治认同》，《中国民族报》2008年12月30日第7版。

《最是难忘桑梓情——记旅加拿大著名侨领马寿山先生》，江门市外事侨务局，http://www.jmwqj.gov.cn/newsShow.asp? dataID=85，2011年12月27日。

四　英文专著

Alan Morley, Vancouver, *From Milltown to Metropolis*, Vancouver: University of British Columbia Press, 1961.

Aleinikoff T. Alexander, Chetail Vincent, *International Legal Norms and Migration*, The Hague: TMC Asser Press, 2003.

Anne S. Tsui, Yanjie Bian and Leonard Cheng, eds., *China's Domestic Private Firms: Multidisciplinary Perspectives on Management and Performance Armonk*, N. Y.: M. E. Sharp, 2006.

Aristide R. Zolbergand Peter M., *Benda*, *Global Migrants*, *Global Refugees*, NewYork: Berghahn Books, 2001.

Biao Xiang, Brenda S. A. Yeoh, Mika Toyota, *Return: Nationalizing Transnational Mobility in Asia*, Duke University Press, 2013.

Cannon & Margarent, *China Tide: The Rerealing Story of the Hong*

Kong Exodu to Canada, Toronto: Happe & Collins, 1989.

Castles, S., Ozkul, D., Cubas, M., *Social Transformation and Migration National and Local Experiences in South Korea, Turkey, Mexico and Australia*, London: Palgrave Macmillan, 2015.

Cathie Lloyd, *National Approaches to Immigration Minority Policies*, in Rex & Drury eds., 1994.

Chung H. Chuong, Dorothy Cordova, Robert H. Hyung Chan Kim, Steve Fugita, Franklin Ng, Jane Singh, *Distinguished Asian Americans*, Greenwood, 1999.

Danièle Jolyed, *International Migration in the New Millennium: Global Movement and Settlement*, UK: Ashgate Publishing, 2004.

David Chuenyan Lai, Chinatowns, *Towns Within Cities in Canada*, Vancouver: University of British Columbia Press, 1988.

David E. Simcox ed., *Immigration in the 1980s*, Boulder & London: Westview Press, 1988.

Diaz Briquets, Sergio, *Biomedieal Globalization: the Intemational Migration of Seientists*, 2002.

Dinnestein, L., Reimers, David M., *Ethnic Americans: A History of Immigration*, New York: Columbia University Press, 1999.

Eric Richards, Destination Australia, *Migration to Australia Snce 1901*, Manchester: Manchester University Press, 2009.

Eytan Meyers, *International Immigration Policy: A Theoretical and Comparative Analysis*, First Published by Palgrave Macmillan, 2004.

Eytan Meyers, *International Immigration Policy: A Theoretical and Comparative Analysis*, NY, Palgrave Macmillan, 2004.

Franklin Ng ed., *Asian Americans: Reconceptualizing Culture, History, Politics*, New York and London: Garland Publishing Ing., 1997.

Gary Yia Lee & Nicholas Tapp eds., *The Hmong of Australia: Culture and Diaspora*, Pandanus Books, 2004.

Gordon Hutner, Immigrant Voices, *Twenty – Four Voices on Becoming an American*, Signet Classics, 1999.

Hatton, Timothy J., Williamson, Jeffrey G., *Global Migration and the World Economy: Two Centuries of Policy and Performance*, Cambridge, Mass. , London: MIT Press, 2005.

Hawkins, F. , *Critical Years in Immigration—Canada and Australia Compared*, Montreal: McGill - Queen's University Press, 1998.

Howard Adelman, *The Indo Chinese Refugee, Movement, the Canadian Experience, Operation Lifetime*, Toronto: Oxford University Press, 1980.

Huping Ling, Chinese St. Louis, *From Enclave to Cultural Community*, Temple University Press, 2004.

Huping Ling, *Surviving on Gold Mountain: History of Chinese American Women and Their Lives*, State University of New York Press, 1998.

Joseph. Nye, Jr. , *Redefining the National Interest*, Foreign Affairs, Vol. 78 No. 4, July/August, 1999.

Li Minghuan, *We Need Two Worlds: Chinese Immigrant Associations in a Western Sociey*, Amsterdam University, 1999.

Linda Basch, Nina Glick Schiller & Christina Blanc, *Nations Unbound: Transnational Projects*, Postcolonial, 1994.

Marcelo M. Suarez - Orozco, Carola Suarez - orozco, Desiree Qin - Hilliard, *Interdisciplinary Perspectives on the New Immigration: Volume 2: The New Immigrant in the American Economy*, New York/London: Routledge, 2001.

Mark Wyman, *Round - trip to America*, Ithaca and London: Cornell University Press, 1993.

Min Zhou, *Contemporary Chinese America: Immigration, Ethnicity, and Community Tranformation*, Temple University Press, 2009.

Morton A. Kaplan, *System and Process in International Politics*, New York: John Wiley & Sons, Inc. , 1967.

Nakamura, Robert T. , Smallwood, Frank, *The Politics of Policy Implementation*, St. Martin's Press, 1980.

Ong Ai Hua, *Flexible Citizenship: The Culture Legacy of Transnationality*, Durham and London: Duke Universtiy Press, 1999.

Peter Kwong, *Chinese America: The Immigrants Experience*, New York: Universe, 2000.

Philip L. Martin, *Sustainable Migration Polices in a Globalizing*

World International, *Institute for Labour Studies*, Geneva, 2003.

P. Stalker, *The Work of Strangers*: *A Survey of International Migration*, *The International Labor Organization*, Geneva, 1994.

Robert O. Keohane, *International Institutions and State Power*: *Essays in International Relations Theory*, *Boulder*, Colorado: Westview Press, 1989.

Robin Cohen ed., *The Cambridge Survey of World Immigration*, Cambridge: Cambridge University Press, 1995.

Robyn Iredale, Fei Guo and Santi Rozario, *Return Migration in the Asia Pacific*, Cheltenham, UK Northampton, MA, USA: Edward Elgar, 2003.

Ron Skeldon., *Globalization*, *Skilled Migration and Poverty Alleviation*: *Brain Drains in Context*, Brighton, UK: the Development Research Centre on Migration, Globalization and Poverty, 2005.

Samuel To, *The Chinese in North America and The Church*, *Proceedings* Ⅱ: *The 4th International Chinese Overseas Conference*, Taipei, 2001.

Sassen, S., *The Mobility of Labor and Capital*: *A Study in International Investment and Labor Flow*, London: Cambridge University Press, 1988.

Stark, O., *The Migration of Labor*, *Cambridge*, MA: Blackwell Publishers, 1991.

Stephen Castles, Mark J. Miller, *The Age of Migration*: *International Population Movements in the Modern World*, Palgrave Macmillan, 4th revised edition, 2009.

Stevan Feld & Keith Basso, eds., *Senses of Place*, Seattle: University of Washington Press, 1996.

Tan Chee - Beng, Colin Storey, Julia Zimmerman. *Chinese Overseas*: *Migration*, *Research and Documentation*. Hong Kong: The Chinese University Press, 2007.

Tunghai Lee, *A History of Chinese in Canada*, Canada: Freedom Press, 1967

W. L. Gould, *An Introduction to International Law*, New York: Harper, 1957.

Yeoh, Brenda, Willis, Katie, *State/ Nation/ Transnation*, *Perspec-*

tives on Transnationalism in the Asia – Pacifc, London: Routledge, 2004.

五　英文论文、报告及网络资料

布鲁金斯研究会网站：http://www.brookings.edu/。

加拿大移民局官方网站：http://www.cic.gc.ca/。

美国国土安全部网站：http://www.dhs.gov/。

美国劳工统计局：http://stats.bls.gov/。

美国普查局官方网站：http://www.census.gov/。

美国移民局官方网站：http://www.uscis.gov/。

Alejandro Portes, "Conclusion: Theoretical convergences and Empirical evidence in the study of immigrant transnationalism," *International Migration Review*, 2003, Vol. 37 (3).

Alejandro Portes, William Haller, Luis E. Guarnizo, "Transnational Entrepreneurs: An Alternative Form of Immigrant Economic Adaptaion," *Amercian Sociological Review*, 2002, (167), pp. 278 – 298.

Annual Report on Citizenship Commission, 2007 – 2008, 2008 – 2009, http: www.cici.gc.ca/English/resources/publications.

Cheng Li, The Status and Characteristics of Foreign – Educated Returnees in the Chinese Leadership, China Leadership Monitor, 2005, No. 16, pp. 1 – 4.

David Bartram, "Japan and Labor Migration: Theoretical and Methodological Implications of Negative Cases," *International Migration Review* 2000, 34 (1), pp. 5 – 32.

G. E. Johnson, "Ethnic and Racial Communities in Canada," *Ethnic Groups*, Vol. 9, 1992.

G. Hugo, "Migration and the Family," *Occasional Paper Series for the International Year of the Family*, 1994, (12).

G. Willliam Skinner, "Change and Persistence in Chinese Culture Overseas: A Comparison of Thailand and Java," *Nanyang Xuebao*, 1960, (1 – 2), pp. 86 – 100.

Head K., Ries J., "Immigration and Trade Creation: Econometric Evidence from Canada," *The Canadian Journal of Economics*, (1),

1998, pp. 47 -62.

Immigration and Naturalization Service, 1997 Statistical Yearbook of the Immigration and Naturalization Service, Washington, D. C. : U. S. Government Printing Office, 1997.

Immigration Policy Center, "A guide to S. 744: understanding the 2013 senate immigration bill," July, 2013, http://www.immigration.org/special - reports/guide - s744 - understanding - 2013 senate - immigration - bill.

IOM: World Migration 2008: Managing Labour Mobility in the Evolving Global Economy.

Joseph. Nye, Jr. , "Redefining the National Interest", *Foreign Affairs*, Vol. 78, No. 4, July/August 1999.

Lim Tai Wei, "Migration, Ethnicity and Citizenry of Chinese Americans in Selected Regions of U. S. ," in Leo Suryadinata, ed. , Migration, Indigenization and Interacion: Chinese Overseas and Globalization, Singapore: World Scientific, 2011, pp. 132 - 148.

Meyers, E. , "Multilateral Cooperation, Integratioin and Regimes: The Case of International Labor Mobility," CCIS Working Paper 61, San Diego: University of California, 2002.

Neena L. Chappell, "Perceived change in quality of life among Chinese Canadian seniors: the role of involvement in Chinese culture," *Journal of Happiness Studies*, 2005, (6), pp. 69 -91.

O. Stark and E. Taylor, "Relative Deprivation and International Migration," *Demography*, 26, 1, 1989, pp. 1 - 14.

Parris Chang, Zhiduan Deng. The Chinese brain drain and policy options. Studies in Comparative International Development, Spring 1992, Vol. 27, No. 1, pp. 44 -60.

Philip L. Martin and Edward J. Taylor, " The Anatomy of a Migration Hump," in J. Edward J. Taylor, ed. , Development Strategy, and Migration: Insights from Models. Paris: Orgnization for Economic Cooperation and Development, 1996.

Pia Orrenius, Madeline Zavodny, Emily Kerr, "Chinese Immigrants in the U. S. Labor Market: Effects of Post - Tiananmen Immigration Poli-

cy," *International Migration Review*, Volume 46, Issue 2, Jun 2012 (Wiley Online Library).

Rauch J. E. , Trindade V. , "Ethnic Chinese Networks in International Trade," *The Review of Economics and Statistics*, (1), 2002, pp. 116 - 130.

Redale, Robyn, "Migration Policies for the Highly Skilled in the Asia - Pacific Region," *The International Migration Review*, 2000, 34 (3), pp. 882 - 906.

Robert Vineberg, Continuity in Canadian Immigration Policy 1947 to Present: Taking a Fresh Look at Mackenzie King's 1947 Immigration Policy Statement, Migration & Integration (2011) 12, pp. 199 - 216.

Sherrie A. Kossoudji, "English Language Ability and the Labor Market Opportunities of Hispanic and East Asian Immigrant Men," *Journal of Labor Economics*, Vol. 6, No. 2 (Apr., 1988), pp. 205 - 228

Shibao Guo, Don J. DeVretz, The Changing Faces of Chinese Immigrants in Canada, working papers of Research on Immigration and Integration in the Metropolic, No. 05 - 08, 2005, p. 7.

Sin Yih Teo, "Vancouver's Newest Chinese Diaspora: Settlers or 'Immigrant Prisoners?'," *Geo Journal*, Vol. 68, 2007, pp. 211 - 222.

Solimano, A. , Pollack, M. , "International Mobility of the Highly Skilled: The case between Europe and Latin America," *Working Paper*, 2004, Series No. 1.

Usdansky Margare, "The H - 1B Visa debate in Historical Perspective: The Evolution of U. S. Policy Toward Foreign - Born Workers," *CCIS Working Paper*, 2000.

Wang Gungwu, "New Immigrants: How New and Why New?" *Asian Culture*, *Singapore Society of Asian Studies*, 2006, (26), pp. 1 - 12.

William H. Frey, Kao - lee Liaw, "Immigrant Concentration and Domestic Migrant Dispersal: Is Movement to Nonmetropolitan Areas 'White Flight?'," *Professional Geographer*, Vol. 50, No. 2 (1998), pp. 215 - 232.

Yan Shi, "The Impact of Canada's New Immigration Act on Chinese

Independent immigrants," *Canadian Journal of Urban Research*. No. 1, pp. 140 – 154.

Yigong Shi, Yi Rao, "China's Research Culture," . *Science*, 2010, 329 (5996), p. 1128.

Zolberg, A., "The Next Waves: Migration Theory for a Changing World," *International Migration Review*, 1989, 23 (3), pp. 403 – 430.

附　录

附录一　加拿大各省华人新移民分布情况

省份	1991 年前	1991 ~ 1995 年	1996 ~ 2000 年	2001 ~ 2006 年
安大略省	122885	71820	80615	83220
不列颠哥伦比亚省	87610	61930	64130	51900
阿尔伯塔省	26695	10195	9380	14995
魁北克省	11300	7810	9660	18960
曼尼托巴省	2575	785	965	1610
萨斯喀彻温省	2070	605	750	1055
新斯科舍省	675	185	455	800
新不伦瑞克省	335	35	195	470
纽芬兰省	185	20	135	130
西北地区	85	15	20	40
育空地区	35	15	40	25
爱德华王子岛	45	10	10	30
纽纳瓦特省	10	0	10	10
总数	254505	153445	166365	173250

资料来源：郭娟娟：《加拿大华人新移民研究》，安徽师范大学硕士学位论文，2011。

附录二 移民在就业中的各种困难

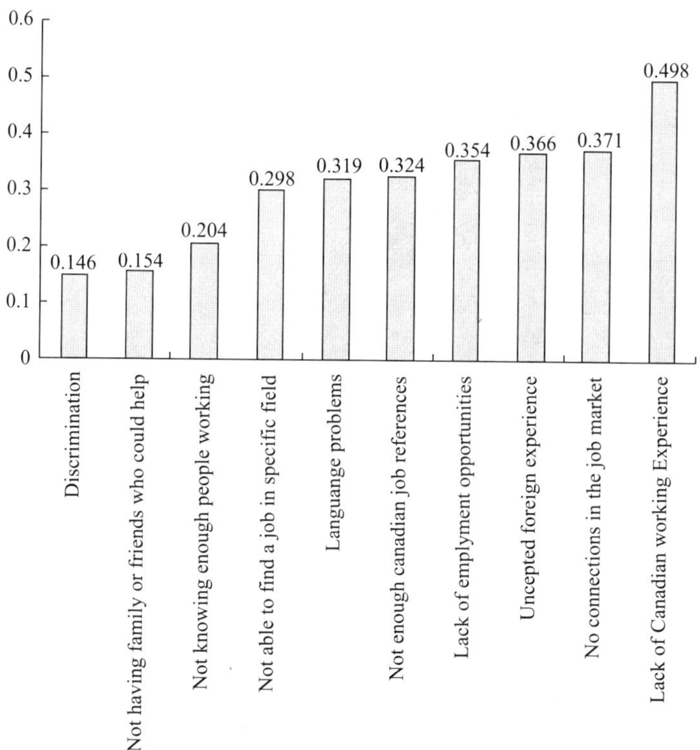

资料来源：国务院侨务办公室政研司编《北美华侨华人新视角——华侨华人研究上海论坛论文集》，中国华侨出版社，2008，第 90 页。

附录三　海外华侨华人从事的专业工作或研究主要分布情况

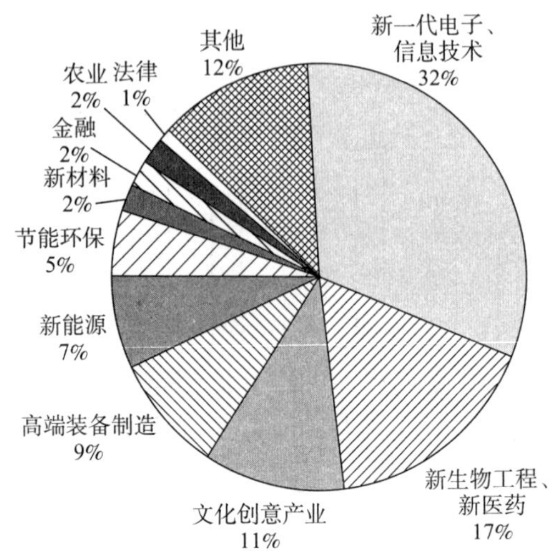

资料来源：《海外华侨华人专业人士数量接近400万》，《环球时报》2014年8月5日。

附录四　近十年出国与回国人数（2004～2013）

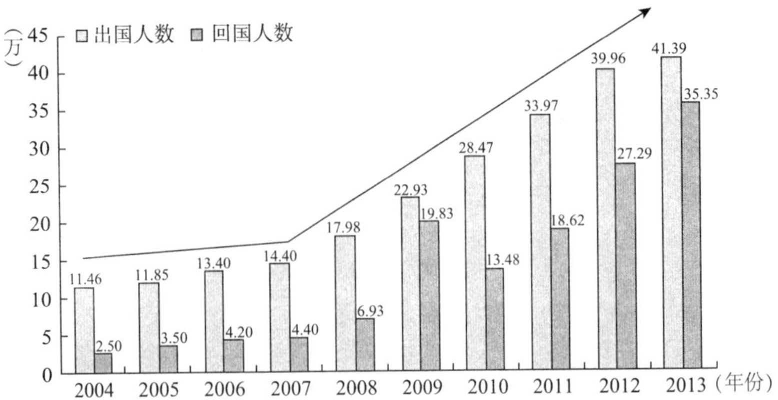

资料来源：《2014中国留学回国就业蓝皮书》，教育部网站，2014年11月27日。

附录五 采访提纲

由于多个海外人才管理机构的采访提纲较为相似，此处仅选取针对留学人员广州创业园的采访提纲作为附件。

留学人员广州创业园负责同志：

感谢您在百忙之中抽空完成课题组关于广州归国留学人员及海鸥人士现状的调查。

主要问题如下：

一、留学人员广州创业园中近年来登记在册的归国留学人员总数，其中已取得外国国籍人士的数量（比例），已取得一国以上（或多个地区护照）的人士数量（比例），取得永久居民身份但仍保持中国国籍的人士数量（比例），其中“海鸥”人士（主要指的其拥有他国家或地区国籍或永久居民身份，非长期归国定居，以各种形式在祖国及世界各地之间活动的人群）能统计到的数量，比例及年龄层。

二、留创园中归国留学人员的年龄层次、行业领域、受教育（及海外工作）的国家、受教育程度、除中国大陆（广州）以外经常逗留的国家和地区。其中创业者的比例。

三、归国留学人员的总体满意度［薪酬水平、社会环境、配套条件（如家属安置，子女教育等）、自我实现等］。

四、归国留学人员今后的期望及愿景，今后是打算长留还是打算频发跨国流动。

五、对于海外高层次归国人才，为何选择广州留创园作为落脚点（请受访代表将以下因素排序：1. 地区整体环境；2. 产业集群与行业发展基础；3. 家庭团聚；4. 合作伙伴召唤；5. 政策优惠等；6. 报效祖国及思乡之情；7. 其他，可补充）。

六、对于海外高层次归国人才，在广州（广东）工作生活期间遇到的问题及困难（请受访代表将以下因素排序：1. 政策配套不完善；2. 缺少创业资金；3. 国际化程度不高；4. 社会人文环境不适应；5. 家庭及子女教育问题；6. 薪酬水平；7. 其他，可补充）。

七、留创园中的归国留学人员是否有一些他们自建的社团组织，如有方便请提供网址或者联系人。

八、您所在的单位是采取哪些措施来吸引并留住海归高层次人才的？对于其中的“海鸥”是怎样柔性化管理的？管理中的重点和难点体现在哪些方面？

九、广州留创园的企业孵化率、企业毕业率、企业产业化率，哪些已经建立产业化园区，高新科技企业比例等。

十、海归创业资金的获得途径。

如有可能，希望能帮助联系调查对象发放更为详尽的调查问卷。

谢谢您的支持！祝工作顺利！

附录六　广州市留学归国人员就业与创业状况调查问卷

亲爱的留学生朋友：

为全面、系统地了解留学人员在广州市就业和创业状况，为政府有关部门完善引进留学人才的政策、做好留学人员的服务和管理工作提供有效依据，我们诚恳邀请您认真作答以下问卷，希望能得到您的理解配合。问卷是匿名的，所有资料只为本次统计分析所使用，绝不外泄。请您放心填写。感谢您的支持！

问卷编号＿＿＿＿＿＿＿＿＿＿

一　个人基本情况

1. 性别：（1）男（2）女

2. 年龄＿＿＿＿岁

3. 户口所在地：＿＿＿＿＿＿＿＿＿＿

4. 回国依次求职城市（请按先后次序填写）：（1）＿＿＿＿＿＿（2）＿＿＿＿＿＿（3）＿＿＿＿＿＿

5. 婚姻状况

（1）已婚　（2）未婚　（3）离婚　（4）丧偶

6. 父母家庭职业背景

（1）政府工作人员　（2）国企管理者

（3）工人　　　　　　　　（4）农民
（5）军人　　　　　　　　（6）医生、教师或科技人员
（7）个体户　　　　　　　（8）民营企业家
（9）其他，请注明：____________________

7. 父母年收入
（1）少于 20000 RMB/年
（2）20000～49999 RMB/年
（3）50000～99999 RMB/年
（4）100000～149999 RMB/年
（5）150000～199999 RMB/年
（6）多于 200000 RMB/年

8. 您外语水平如何？
a. 英语　（1）熟练（2）良好（3）一般（4）较差（5）不会
b. 日语　（1）熟练（2）良好（3）一般（4）较差（5）不会
c. 俄语　（1）熟练（2）良好（3）一般（4）较差（5）不会
d. 其他外语（如有）______________
（1）熟练（2）良好（3）一般（4）较差（5）不会

9. 回国第一份工作的平均月收入（包括工资、奖金、投资收入）是______________RMB

10. 最近三个月的平均月收入（包括工资，奖金，投资收入）是______________RMB

二　学习和工作经历

11. 出国前就读的学校：______________

12. 出国前的学历
（1）初中　　（2）高中　　（3）中职　　（4）高职（专科）
（5）学士　　（6）硕士　　（7）博士

13. 出国前所学专业属于（出国前为中学学历不必填写）
（1）自然科学（数理化）　　（2）应用科学（工建计）
（3）人文科学（文史哲）　　（4）社会科学（经法社）
（5）商业管理　　　　　　　（6）其他，请注明：__________

14. 留学国家或地区
（1）英国　　（2）美国　　（3）加拿大　（4）新西兰

（5）澳大利亚（6）法国　（7）德国　（8）中国香港

（9）俄罗斯　（10）其他，请注明：＿＿＿＿＿＿

15. 留学学校或进修机构（请按学历教育和非学历教育分别填写）

（1）学校＿＿＿＿＿＿　学位＿＿＿＿

（2）机构＿＿＿＿＿＿类型 □ 访问交流学者 □ 博士后研究 □ 其他（自填）＿＿＿＿＿＿

16. 出国留学的总费用是＿＿＿＿＿＿万 RMB

17. 出国留学费用来源

（1）全部依靠父母资助　（2）自己，父母共同负担

（3）全部靠自己，半工半读（4）有全额奖学金

（5）政府公派　（6）其他，请注明：＿＿＿＿

18. 出国留学的日期是＿＿＿＿＿＿，

留学归国的日期是＿＿＿＿＿＿。

19. 在国外获得的最终学位

（1）未获　（2）专科　（3）学士　（4）硕士

（5）博士（或副博士）　（6）博士后

20. 您的政治面貌

（1）中共党员　（2）民主党派

（3）一般群众　（4）其他，请注明：＿＿＿＿

21. 你有没有获得境外永久居留权？

（1）有　（2）没有

22. 当初出国的原因是（按重要程度最多选三项）

第一选择＿＿＿　第二选择＿＿＿＿　第三选择＿＿＿＿

（1）看别人出国　（2）找不到工作

（3）进不了好大学　（4）父母要求

（5）配偶或男/女朋友在国外（6）为将来更好发展

（7）开阔眼界　（8）更好掌握专业知识

（9）过好日子　（10）其他，请注明：＿＿＿＿

23. 留学所学专业属于

（1）自然科学（数理化）　（2）应用科学（工建计）

（3）人文科学（文史哲）　（4）社会科学（经法社）

（5）商业管理　（6）其他，请注明：＿＿＿＿

24. 你是如何选择留学所学专业的（可选择多项）

（1）父母建议　　　　（2）朋友推荐

（3）中介推荐　　　　（4）有利于回国找工作

（5）个人爱好　　　　（6）与国内专业对口

（7）其他，请注明：__________

25. 请问出国前的就业情况

（1）学生　　　　（2）在职

（3）无业　　　　（4）其他，请注明：__________

↓

25 A 工作年限共__________年

26. 您是否有在境外相关专业工作的经验

（1）没有　　　　（2）有

↓

26 A 请问工作年限一共__________年。

26 B 回国前，所担任的最后一份工作的职业是__________。

26 C 回国前三个月的平均月收入（包括工资、奖金、投资收入）是__________RMB

三　求职情况

27. 回国的主要原因（按重要程度最多选三项）

第一选择______ 第二选择______ 第三选择__________

（1）难以融入当地社会

（2）家庭需要

（3）国内机会更多，更利于发展

（4）客观原因（如签证到期）

（5）更适应中国文化

（6）国外工作难找

（7）受周围朋友影响

（8）国外求学费用过高，难以支持

（9）其他，请注明：____________

28. 刚回国时，您的就业打算是

（1）在国有企业工作

（2）在私营企业工作

(3) 在跨国公司工作

(4) 在政府机关工作

(5) 在教学科研单位工作

(6) 在其他内资事业单位工作

(7) 在国际组织或非政府组织工作

(8) 开办自己的公司

(9) 无所谓，没有偏好

(10) 其他，请注明：__________

29. 您可接受的待业时间长度为

(1) 少于三个月　(2) 三至六个月

(3) 半年至一年　(4) 一年以上

(5) 无所谓

30. 如果目前在国内找不到合适的工作，您打算

(1) 继续找，找到为止　(2) 在国内求学

(3) 独立创业　(4) 出国求职

(5) 继续出国求学　(6) 其他，请注明：__________

31. 您回国后，找到第一份工作花了多长时间

(1) 少于三个月　(2) 三至六个月

(3) 半年至一年　(4) 超过一年

(5) 尚未找到工作

32. 回国后您是否曾获得工作机会而未就职

(A) 否　(B) 是 →37A 原因是什么

(1) 薪酬不满意　(2) 专业不对口

(3) 工作地点不满意　(4) 其他，请注明：__________

33. 您回国后第一份工作的单位性质

(1) 国有企业　(2) 私营企业

(3) 外资和跨国公司　(4) 政府机关

(5) 教学科研单位　(6) 其他内资事业单位

(7) 国际组织或非政府组织　(8) 开办自己的公司

(9) 其他，请注明：__________

34. 请问您回国第一份工作信息的获得是通过下列哪些渠道？（按重要程度最多选三项）

第一选择______ 第二选择______ 第三选择______

（1）熟人、朋友介绍
（2）自己主动与用人单位联系
（3）通过国内人才市场应聘
（4）用人单位向社会招考，本人报考
（5）通过留学人员服务管理中心的介绍
（6）利用广州留交会的平台
（7）应单位直接邀请加入
（8）国外校友会
（9）自主创业
（10）报纸杂志电视等媒体
（11）互联网
（12）其他，请注明：＿＿＿＿＿＿

35. 回国之后，您有没有更换过工作单位
（1）没有（2）有→31A 共换过＿＿＿＿＿＿次
31B 您换第一份工作的原因是？
（1）薪酬不满意　　　　（2）专业不对口
（3）工作地点不满意　　（4）其他，请注明：＿＿＿＿＿

36. 刚回国时，求职的薪酬要求为月薪
（1）少于 2000 RMB
（2）2000～3999 RMB
（3）4000～5999 RMB
（4）6000～7999 RMB
（5）8000～9999 RMB
（6）10000 RMB 以上，请注明：＿＿＿＿＿＿

37. 目前，您求职的薪酬要求为月薪
（1）少于 2000 RMB　　（2）2000～3999 RMB
（3）4000～5999 RMB　　（4）6000～7999 RMB
（5）8000～9999 RMB　　（6）10000 RMB 以上
（7）请注明：＿＿＿＿＿＿

38. 您的薪酬要求与同等资历国内求职者相比
（1）远远高于国内求职者
（2）稍高于国内求职者
（3）差不多

（4）稍低于国内求职者

（5）远低于国内求职者

39. 您目前工作单位的性质

（1）国有企业　　　　　　（2）私营企业

（3）外资或跨国公司　　　（4）政府机关

（5）教学科研单位　　　　（6）其他内资事业单位

（7）国际组织或非政府组织（8）开办自己的公司

（9）其他，请注明：__________

40. 您在目前的工作职位是

（1）公司或单位领导　　　（2）高级技术或管理职位

（3）部门领导　　　　　　（4）业务骨干

（5）一般员工　　　　　　（6）其他，请注明：__________

41. 您是否满意目前的工作？

（1）非常满意　　　　　　（2）满意

（3）一般　　　　　　　　（4）不满意

（5）非常不满意

42. 您认为您回国求职中遇到的主要困难是什么（按重要程度最多选三项）

第一选择______　第二选择______　第三选择______

（1）学历过高

（2）学历过低

（3）专业能力不够

（4）交往能力不够

（5）没有工作经验

（6）不适应国内单位运作方式

（7）自己要求薪酬过高

（8）海归太多，竞争激烈

（9）国内求职者竞争力强

（10）国外学历不受重视

（11）没有国内社会关系

（12）就业市场整体性供大于求

（13）所学专业结构性供大于求

（14）没有遇上困难

（15）其他，请注明：＿＿＿＿＿＿

43. 您认为留学经历对于您当前求职的作用如何

（1）有很大的正面作用　　（2）有一定的正面作用

（3）没什么作用　　（4）有一定的负面作用

（5）有很大的负面作用　　（6）不清楚

44. 留学对于您哪方面提高最大

（1）专业能力　　（2）交往能力

（3）开阔眼界　　（4）语言能力

（5）海外人脉和资源网络　　（6）分析问题能力

（7）商业模式的开发能力　　（8）销售和营销

（9）资金的积累　　（10）没有提高

（11）其他，请注明：＿＿＿＿＿＿

45. 您认为留学归国后国内的情况

（1）变化很大，难以适应

（2）变化大，但能够适应

（3）变化不大，但能够适应

（4）没有变化

46. 您手中是否有需要投资的项目和具有市场价值的专利

（1）均有　　（2）只有项目

（3）只有专利　　（4）均无

47. 您享受过广州留学人员服务管理中心的哪些服务

（1）学历认证

（2）留学人员优惠资格证

（3）留学人员专项资金之安家费

（4）档案和人事代理

（5）职业培训和介绍

（6）户口迁入

（7）其他，请注明：＿＿＿＿＿＿＿＿＿＿

48. 您对广州市政府吸引留学人员回国服务政策满意吗

（1）非常满意　　（2）满意

（3）一般　　（4）不满意

（5）非常不满意

49. 您认为目前政府应该采取何种措施，能够更好地帮助留学人员归国就业：

____

____

四　创业情况

50. 您是否创业

（1）是　　　（2）没有（选择没有请忽略以下各题）

51. 您现在企业的员工有多少人

（1）100 人以上　　　（2）51～99 人

（3）10～50 人　　　（4）10 人以下

52. 您现在企业的发展阶段是

（1）初创型　　　（2）成长型

（3）规模效益型

53. 您现在企业的营利情况如何

（1）盈利　　　（2）持平

（3）亏损

54. 吸引您在广州创业的因素可能有很多，我们想问一问这些因素对于您的重要程度？

	非常重要	重要	一般	不重要	非常不重要
家乡在广东					
有亲戚或朋友在广州					
广州的优惠政策					
广州政府部门的工作效率					
广州的地缘环境					
广州的商业环境					
其他，请注明：＿＿＿＿＿					

55. 您开办企业的契机（可多选）

□ 移植国外经营模式

□ 朋友相邀

□自有技术或知识产权

□ 实现所学的经营管理理念

□ 家族资助

□ 有天使资金帮助

56. 您认为您回国创业中遇到的主要困难是什么（按重要程度最多选三项）

第一选择______ 第二选择______ 第三选择______其他，请注明：______

（1）资金匮乏，融资渠道有限

（2）人才缺乏，引进和配置困难

（3）技术或产品创新能力不足

（4）企业内部管理不善

（5）企业开拓市场能力不足

（6）广州地区与企业有关的上、下游产业链不完备

（7）广州的政府效率

（8）广州的税负水平

（9）创业园（孵化器）的服务条件和水平

（10）知识产权保护不力

（11）没有遇上困难

57. 你是否了解以下为留学人员提供服务的机构以及有关政策？

	了解	不了解
广州留学人员服务管理中心		
广州市留学人员专项资金		
广州市留学人员一站式服务		
广州吸引和培养高层次人才的政策举措		
中国留学人员（广州）科技交流会		
其他，请注明：______________		

58. 您的企业是否获得如下支持

（1）广州市留学人员专项资金之创业启动费　□是 □否

（2）省、市、区各级政府的科技和产业计划立项支持　□是 □否

（3）享受创业园区减免地租优惠　□是 □否

（4）享受国家和地方税收减免优惠　□是 □否

（5）享受国家高新技术企业待遇　□是 □否

（6）获得民间融资和风险投资 □是 □否

（7）其他，请注明：__________

59. 整体而言，您对广州市政府的归国留学人员创业的扶持政策满意吗

（1）非常满意　　（2）满意

（3）一般　　（4）不满意

（5）非常不满意

60. 您认为目前政府应该采取何种措施，能够更好地帮助留学人员归国创业

____

____

____

谢谢您的回答！

附录七　海外华侨华人专业人士回国创业情况调查问卷

尊敬的海外华侨华人专业人士：

您好！

为了解海外华侨华人专业人士回国创业情况，听取专业人士对我国人才政策、人才工作的意见和建议，总结有效经验，增强侨务引智工作的科学性和针对性，为我国经济发展、科技进步、产业升级服务，国务院侨务办公室近期组织开展《海外华侨华人专业人士回国（来华）创业情况调研》。为配合开展好此次调研工作，我们设计了调查问卷，请您拨冗填写。感谢您对我们工作的支持和配合。

一　创业创新基本情况

1. 个人情况

姓名		性别		出生年月	
国籍		祖籍地		出国时间	

续表

学位		专业领域（研究方向）		
中国毕业院校		国外毕业院校		
国外主要工作经历（时间、单位、职务）				
国内主要工作经历（时间、单位、职务）				
回国创业主要原因（可多选）	□祖国情结	□政府优惠政策	□国内市场广阔	□国外形势严峻
	□家庭因素	实现自我价值	□创业环境	□其他
联系方式（电话或邮箱）				

2. 企业情况

企业名称					
成立时间		注册资金		企业人数	
学历构成	博士：人	硕士：人	本科：人	大专：人	其他：人
主要产品			主要销售市场		
其他情况（如企业获奖情况、企业主要特点和发展趋势、企业对当地经济社会发展的贡献等）					

二 人才政策和人才工作

1. 您对目前我国实施人才政策的满意度

□很满意　　□满意　　□一般　　□不满意

2. 您对广东省创业资金扶持力度的满意度

□很满意　　□满意　　□一般　　□不满意

3. 您对吸引海外高层次人才到中国（广东）工作的建议（可多选）

□加大创业资金扶持力度　　□提高政府行政效率

□完善户籍和居住证制度　　□提高政治待遇

□政府多到海外推介　　□其他：________

4. 您是否了解中国及广东省引进海外高层次人才的优惠政策或举措？是否得到相关资助？

政策或举措	很了解	了解	不了解	得到资助
千人计划				
春晖计划				
国侨办重点华侨华人创业团队评选				
国侨办百名华侨华人专业人士杰出创业奖				
广州“留交会”				
深圳“高交会”				
广东省引进“创新科研团队”				
广东省引进“领军人才”				
广东省引进高层次人才“一站式”服务				
广东省高层次人才个性化医疗服务				
市级人才政策				
其他（请注明）				

5. 您及您创办（工作）的企业目前最关注的问题是什么？

6. 您及您创办（工作）的企业目前面临的主要困难和问题是什么？是否向有关部门反映？是否得到及时处理和解决？

7. 当地哪些部门积极开展人才引进和服务工作？您如何评价他们的工作成效？您认为目前人才引进和服务工作的主要问题是什么？

8. 您对侨务部门开展人才工作有何意见或建议？

9. 您认为中国（广东省）当前应如何加强人才引进和服务工作？

后　记

来自一个四代留学北美，第五代已踏足北美大陆的家庭，我总觉得有义务去将这个家族成员求学、求知的经历以及东西方文化的交织、碰撞浓缩在文章中，以文字的形式呈现。祖母常说“家有黄金万两，不如有薄技在身”，我的家族正是承袭着这样的理念，一代代人无论身处何方都毫无例外并且心无杂念地从事着专业技术工作。之所以没有将研究范围限定在留学生或是技术移民，原因是今天的北美华侨华人专业人士的范围更加宽泛了，他们更加灵活地享受着全球化的红利与自身跨文化交际的优势，回流与环流更趋频繁，而回流与环流之间的实际界限却不那么明显了。堂哥 Mike 在美国攻读完博士学位后回国任教；堂妹 Molly 则作为加拿大 1.5 代新移民受雇于美国企业，在而立之年重返她的出生地北京工作，现又被调回纽约总部任职；定居温哥华十几年的姑父、姑母准备重返广州置业开诊，夏季再赴加拿大避暑；小侄女悠悠很快适应了她在多伦多的全新小学生活，假期则回到哈尔滨探亲……10 年后，20 年后他们又会身在何处？世界已向乐于流动的华人敞开大门，一城一地或是单向流动早已不是唯一答案。

很幸运，自己攻读了暨南大学国际关系专业博士学位，主攻华侨华人与国际移民方向，这使我能够将硕士阶段所学的国际关系有限的理论与认知更加深化。在求学的这些年里，首先要感谢我的恩师周聿峨教授，她的融睿、和蔼与从容使我感到无比亲切。在这几年我并不那么顺利的工作与生活中，她以最大的宽容与人生智慧对我进行指导，给我以信心和鼓励。同时，我要感谢暨南大学华侨华人国际关系学院/华侨华人研究院所有的教职工，张振江教授、曹云华教授、庄礼伟教授、邱丹阳教授、吴金平教授、王子昌教授、鞠海龙教授、陈奕平教授、邓应文副教授、张明亮副教授、邓仕超主编等，他们的学术风采值得我一生铭记。我也不会忘记亲爱的师兄弟、姐妹团：代帆副教授、唐翀副教授、文峰副教授、谢青副教

授、吴宏娟副主编……他们的学术水平远在我之上，都曾耐心、无私地为我提供指导和帮助。还有我才华横溢的博士同学们，马立明、张云、沈鑫、蒋玉山、许雨燕、曾瑞生、卢远、甘燕飞、林佑慈，今天他们中的不少人也已成为学术圈中响当当的人物，犀利的评论与观点常能见之于大众媒体，能与他们同窗乃是我的福气！

能够将博士论文重新修订整合为书稿付梓，要感谢的人太多太多。首先诚挚感谢广州市社会科学界联合会“羊城学术文库”出版项目给予我的资金支持，还要感谢社会科学文献出版社的张建中老师在出版过程中对我的帮助。这里还必须要对支持我一边工作一边深造的单位领导与同事道声感谢，是他们的支持使得我兼顾了工作、学习与家庭，得以顺利完成学业。尤其是刘轶颖、温馨等同事，与我携手共同申请华侨华人、留学生等领域相关课题，对我的论文提出了宝贵的意见。他们与多方牵线搭桥，使我联系到了广州留学人员服务中心及广州留学生创业园等有关机构的人员，得以采集多项珍贵的一手资料。曾经给我提供帮助的前同事吴隽毅从剑桥留学归国，如今又踏上加拿大技术移民之路，希望他与家人在枫叶国好运常在！

最后，我还要满怀愧疚地对我的家人道一声谢谢！是他们，为了支持我的学业与工作牺牲了本该休息的时间，一直无私地看顾我生活的方方面面。作为女儿，作为妻子，我无以为报。读博士期间，长子降生，他的到来给家庭带来了无限欢愉，也使得我的求学之路更趋艰辛。但是，小小的人儿已看不得母亲为生活所难掉眼泪，看不得我有半点沮丧、颓唐与懒惰。父母是孩子最好的榜样，无论是持家还是治学，难免会遭遇艰难困苦，但我希望传达给孩子的态度是：虽苦犹甜，甘之如饴。在此，借长子济帆之名与需要兼顾工作与家庭的女性学者共勉，“长风破浪会有时，直挂云帆济沧海”！

袁源
2018 年 10 月
于羊城

图书在版编目（CIP）数据

北美华侨华人专业人士发展 / 袁源著. -- 北京：社会科学文献出版社，2019.5

（羊城学术文库）

ISBN 978 - 7 - 5201 - 4429 - 2

Ⅰ. ①北… Ⅱ. ①袁… Ⅲ. ①华侨 - 历史 - 北美洲②华人 - 历史 - 北美洲 Ⅳ. ①D634.371

中国版本图书馆 CIP 数据核字（2019）第 040814 号

· 羊城学术文库 ·

北美华侨华人专业人士发展

著　　者 / 袁　源

出 版 人 / 谢寿光
责任编辑 / 张建中
文稿编辑 / 杨鑫磊

出　　版 / 社会科学文献出版社 · 社会政法分社（010）59367156
地址：北京市北三环中路甲 29 号院华龙大厦　邮编：100029
网址：www.ssap.com.cn
发　　行 / 市场营销中心（010）59367081　59367083
印　　装 / 三河市尚艺印装有限公司

规　　格 / 开　本：787mm × 1092mm　1/16
印　张：13　字　数：205 千字
版　　次 / 2019 年 5 月第 1 版　2019 年 5 月第 1 次印刷
书　　号 / ISBN 978 - 7 - 5201 - 4429 - 2
定　　价 / 68.00 元